현대
뮤지엄
건축

현대
뮤지엄
건축

이관석

열화당

일러두기

· 이 책이 다루고 있는 뮤지엄의 대상은 박물관이나 미술관이 주를 이루지만, 이 외에도 아트센터,
  갤러리, 과학관, 전시관, 기념관, 자료관, 문화관, 문학관, 역사관, 재단 미술관 등 유사한
  기능을 수행하는 다양한 명칭의 건축물들도 포함하여, 편의상 '뮤지엄' 으로 통칭했다.
· 유럽, 북중미(北中美), 일본 등 저자가 직접 방문했던 외국의 뮤지엄들이 주를 이루며, 필요에
  따라서는 일부 국내 사례도 다뤘다.
· 각각의 뮤지엄을 언급할 때에는 정식 뮤지엄명, 건축가명, 해당 도시명, 건축 연도(착공 및
  완공)를 원어로 병기했다.
· 수록 사진의 출처는 책 끝의 '도판 제공'에 밝혀 놓았으며, 그린 사람이 명시되어 있지 않은
  스케치는 모두 저자가 그린 것이다.

책머리에

건축가의 눈으로 읽는 뮤지엄 건축

현대건축은 현대문화의 다면적 특성을 건축 형태와 공간으로 다양하게 표현한다. 그 중 현대건축의 정수라 불리는 뮤지엄 건축은 건축가의 예술적 기질을 자극하며 사람들의 주목을 끄는 작품을 내놓고 있다. 특히 뮤지엄 건축의 핵심인 동선과 자연광 처리는 건축의 본질적 과제로 현대건축 발전에 중요한 부분을 차지한다. 극단적인 단순함부터 과하다 싶을 정도의 상징까지 뮤지엄 건축의 내외부 공간에서 시도되는 다채로운 실험들은 다른 유형의 건축물에서는 좀처럼 시도되기 어렵다.

뮤지엄 건축이 오늘날 건축계는 물론이고 일반인들에게도 관심을 받는 건축 유형이 되기까지의 과정은 평탄치 않았다. 우선 다른 건축 유형에 비해 출발부터 늦었다. 1930년대에 근대건축의 정신이 반영된 뮤지엄이 등장하긴 했지만, 20세기 중반에 들어서까지도 좀처럼 자리를 잡지 못했다. 컬렉션 행위는 고대 신전과 중세 교회의 귀중한 물품들을 모으기 시작한 르네상스 시대에 본격적으로 나타났지만,[1] 뮤지엄 전용 건물은 신축되지 않았고, 오랜 기간 다른 용도의 건축물 일부를 전시공간으로 차용하거나 전체를 사용해 왔다.

이런 뮤지엄의 발육 부진은, 뮤지엄이 과거의 명품이나 유물, 희귀한 오브제들을 소중히 모시기 위한 전당temple이어야 한다는 고정관념에 사로잡혔기 때문이기도 하다.[2] 뮤지엄 공공화의 효시였던 루브르 박물관Musée du Louvre도 몰락한 전제군주의 옛 거처에 마련됐다. 앞으로 여러 번 거론될, 프랑스 혁명의 기운을 받아 근대 합리주의 건축의 탄생을 알린 뒤랑Jean-Nicolas-Louis Durand, 1760-1834이 설계해 근대적 뮤지엄의 표본이 된 미술관 계획안1803도 건물이 기단 위에 올라서고 좌우대칭의 파사드에 긴 열주를 둔 고전적인 평면과 형태를 하고 있다. 과거에 대한 지나친 믿음과 집착은 새로운 출발에 장애가 되었고, 20세기 초의 뮤지엄은 퇴행적

이 책은 건축가들이 뮤지엄 외관에 어떤 근거로 상징성을 부여하는지 고찰하는 것으로 시작한다. 고대 로마의 건축 양식인 벽돌조 바실리카를 차용해 지역적 특성에서 상징 근거를 찾은 메리다의 국립 로마 미술관.

답보의 빌미를 제공하여 아방가르드의 적이 되기까지 했다.

이탈리아 시인 마리네티Filippo Marinetti, 1876-1944는 1909년 2월 20일 프랑스 일간지 『르 피가로Le Figaro』에 발표한 「미래주의 선언문Futurist Manifesto」에서 뮤지엄과 도서관을 공동묘지로 부르며 파괴할 것을 주장했고, 프랑스 시인 콕토Jean Cocteau, 1889-1963는 루브르 박물관을 시체 보관소로 묘사했다. 뮤지엄에 가해진 이런 모욕은 20세기에 걸맞은 새로운 뮤지엄을 만들어 가야 할 당시 건축가들에게 큰 부담감을 안겨 줬다.[3] 당시 아카데믹한 뮤지엄들을 완전히 바꿔야 한다는 절박함 때문에 뮤지엄 건축은 극소수의 근대건축 거장들이나 넘볼 수 있는 벅찬 도전의 대상이었다. 그리고 이 힘든 과제에 맞선 근대건축 거장들의 제안에 담긴 강한 개념과 실험정신이 후대 건축가들에게 받아들여지기까지 적잖은 시간이 필요했다.

뮤지엄 건축이 활력을 찾은 것은 1970년대에 들어 소위 제삼세대 뮤지엄이 시작되면서다. 이때는 근대건축 거장들의 아이디어가 뒤늦게 뮤지엄 건축에 본격적으로 반영되기 시작하며 근대 이후post-modern 건축의 정신이 건축 전반에 빠르게 확산되던 시기였다. 뮤지엄의 프로그램과 전시기법도 이즈음에 큰 변화를 맞았다. 이후 전 세계적으로 문화의 중요성이 각성되면서 뮤지엄은 양과 질에서 폭발적 성장을 거듭했다. 1980년대에 접어들어 현대 뮤지엄의 기능적 표현적 복잡성은 더해 갔고, 건축적 형식 역시 다양하게 표현되기 시작했다.[4]

이 책은 이와 같이 뒤늦게 주목받게 된 뮤지엄 건축을 건축가의 눈으로 보고 마음으로 읽고자 한다. 지금까지 뮤지엄 건축의 연구나 소개는 주로 두 방향으로 진행되어 왔다. 건축설계 방면에서 학술논문이 존재하지 않는 서구 국가들의 경우 뮤지엄 관련 책이나 건축전문잡지 등을 통해 뮤지엄이 분석되고 소개된다. 대부분의 책은 짧은 도입부가 있고, 뒤이어 각 뮤지엄별 소개로 채워져 있다. 건축전문잡지의 경우는 뮤지엄을 하나씩 제시하며 좀 더 비평적인 시각을 드러낸다. 그러나 필자들은 대부분 건축을 전공하지 않은, 큐레이터를 비롯한 뮤지엄 전문가들이다. 내가 미국에서 연구년을 보내기 위해 주요 대학 건축학과 교수들의 세부 전공을 살펴봤지만 뮤지엄 건축 전문가는 없었다. 반면에 우리나라와 일본에서는 서구에는 없는, 건축 세부전공의 한 분류로 정착된 '건축계획'의 관점으로, 대부분 건축을 전공한 연구자들에 의해 학술 논문들이 발표되어 왔다.

어떤 동선이 가장 편리한지, 어떤 단면이 자연광을 유입시키는 데 좋은지, 어떻게 관람객의 피로를 줄일 것인지 등에 대한 계획적인 연구는 물론 필요하다. 건축설계 관련 기초자료들을 제공함으로써 도움이 되기도 한다. 그러나 이러한 연구들의 약점은, 상대적일 수밖에 없는 우리의 인식체계를 단순한 가정 아래서 일반화하는 오류를 자주 범한다는 데 있다. 예를 들어, 어느 공간의 넓고 좁음, 높고 낮음, 밝고 어두움은 객관적 수치로 표시할 수 있다. 그러나 이동하면서 연속적으로 공간을 경험하는 인간의 인식에 발동하는 많은 변수들은 흔히 무시된다. '건축계획'에서 사용하는 관찰이나 설문조사에 의한 통계 결과들도 현장과는 거리가 있거나 연구를 위한 연구인 경우가 적잖다.

공간적 초점으로서 입구홀의 중요성을 환기시키는 것은 이 책만의 특징이기도 하다. 르 코르뷔지에의 무한성장박물관 개념이 실현된 도쿄 국립서양미술관은 입구홀과 전체 계획안의 중심에 위치한 19세기홀이 함께 환대공간을 형성한다.

어떤 성격의 전시공간이 작품을 잘 보여주는 데 좋은지를 따져 보는 것도 그렇다. 어떤 이는 중성적인 공간이, 다른 이는 표현적인 공간이 좋다고 여긴다. 사실 두 주장 모두 일리는 있다. 그러나 결론 없는 이 지루한 논쟁도 실제로 지어진 건축물에서는 쉽게 판가름 난다. 설계를 잘못하면 어떤 방식을 택해도 시원찮고, 설계를 제대로 하면 나름의 수준 있는 전시공간을 갖는다. 뮤지엄 건축을 어떻게 받아들여야 하는지 고민하게 되는 대목이다.

그동안 뮤지엄 건축에 과연 이상적 모델이 존재하는지에 대한 의문을 품으면서, 이 책의 논점을 건축계획을 연구하는 관점이 아닌 실무에 종사하는 건축가의 눈과 마음으로 건져 올리고자 한 이유는, 뮤지엄에 투영된 건축가의 사고와 작업방식을 중시하기 때문이다. 이 책의 각 장은 이런 고민을 가지고 뮤지엄 건축의 매우 중요한 과제들을 몇 차례에 걸쳐 연구 발표해 온 결과물들이 뼈대를 이룬다. 구성법, 형태, 환경, 공간성, 확장성, 존재성에서 양극단을 거침없이 넘나드는 현대 뮤지엄 건축을 어떻게든 이해하고 싶은 바람의 소산이기도 하다.

좋은 뮤지엄이라면 건물과 전시품은 외피와 내용물의 단순관계 이상으로 함께 호흡한다. 같은 전시물이라도 전시환경의 차이에 따라 다르게 읽힌다. 의미해석을 감상자에게 맡긴 현대예술작품의 경우 더욱 그러하다. 따라서 우리는 어떤 작품이 제대로 감상될 수 있는 적합한 환경에 놓여 있는가에 민감할 필요가 있다. 방문객들은 최선의 환경에서 전시품을 볼 수 있도록 뮤지엄에 요구할 권리가 있고, 뮤지엄은 이에 잘 대응해야 할 책임이 있다.

이 책에 등장하는 건축물들은 규모의 크고 작음이나 소장품의 좋고 나쁨을 떠나 나름대로 좋은 전시환경을 제공한다고 인정받는 뮤지엄들로, 각 장의 주제를 드러내는 데 적합한 사례들을 고르고자 했다. 각 주제에서 거듭 언급할 가치가 있는 뮤지엄들은 여러 장에 걸쳐 나타난다. 내가 직접 방문한 유럽과 미국, 일본 같

전시공간에서의 자연채광방식의 사례와 장단점을 통해 건축가들이
자신의 건축철학에 따라 채광방식을 어떻게 선택하게 되는지
살펴본다. 고측창을 이용한 괴츠 컬렉션.

은 외국 뮤지엄들이 주를 이루며, 일부 국내 사례들도 해당 주제에 따라 언급됐다. 미술관이나 박물관 외에도 아트센터, 갤러리, 과학관, 전시관, 기념관, 자료관, 문화관, 문학관, 역사관, 재단 등이 언급됐다. 오늘날 뮤지엄의 범주는 우리가 일반적으로 생각하는 것보다 훨씬 넓어서 식물원, 동물원, 수족관, 천문관까지 아우른다.[5] 이런 다양한 명칭을 이 책에서는 편의상 '뮤지엄'으로 통칭한다.

언급된 사례들은, 일부 국내 뮤지엄들을 제외하고는 모두 세계적으로 권위있는 건축 문헌들에서 의미있게 소개됐던 것들이다. 의미있다는 말은 논쟁거리가 됐다는 뜻도 포함한다. 다양한 명칭처럼 건물 내에 일부 다른 목적의 공간이 함께 있는 경우도 있지만, 상당한 면적의 전시공간을 갖고 있어 뮤지엄 건축 유형으로 공인된 것들에 한정했다. 카레 다르Carré d'Art 같은 별도의 고유명사를 지닌 뮤지엄 명칭은 그대로 사용했다.

글의 구성은 관람객이 뮤지엄에 들어서는 일반적인 순서를 따랐다. 먼저, 방문객이 외부에서 뮤지엄에 접근할 때 보게 되는 건물 형태부터 살펴, 건축가들이 뮤지엄을 설계할 때 어떤 근거로 상징성을 부여하는지 고찰해 본다. 건축가가 구상

거닐며 작품을 보는 뮤지엄 건축의 특성에 따라 '건축적 산책' 개념이
어떤 방식으로 구사되고 있는지 유형별로 분석한다. '내부 지향적 산책'의
한 예인, 아를 고대사박물관 마지막 전시공간의 붉은 벽.

하는 건축물의 형태는 형태유희 욕구의 자의적 배설이 아니라 프로그램과 주변 맥락에서 신중하게 추론한 공간적 열매다. 따라서 의식있는 건축가에 의해 숙고된 건축물이라면 그 안에 형태논리가 치밀하게 배어 있기 마련이다. 이어서 과거 뮤지엄과는 전혀 다르게 현대 뮤지엄의 입구홀이 감당해야 할 새로운 역할을 알아보고, 일정한 크기일 수밖에 없는 입구홀이 복잡다단한 기능적 공간적 요구들에 어떻게 대응하는지를 들여다본다. 현대 뮤지엄의 '공간적 초점'으로서 입구홀의 중요성을 환기시키는 것은 다른 뮤지엄 관련 책에서는 보기 힘든 이 책만의 특징이기도 하다.

입구홀을 지나 뮤지엄에서 가장 중요한 영역인 전시공간에서는 자연채광방식을 선택하는 논거가 무엇인지, 동선을 어떤 사고로 풀어 가는지에 중점을 두었다. 여기서는 현대 뮤지엄 건축의 자연광과 동선 특성을 명확히 드러내기 위해 다른 장으로 구분해 살펴보지만, 동선이 차례로 드러내는 공간과 자연광은 떼려야 뗄 수 없는 결합체다. 그러므로 자연광이 유입되는 전시공간을 가진 뮤지엄에서는 빛과 동선이 동시에 고려된다. 자연채광방식의 역사적 적용 사례와 각 방식의 장단점을 정리하면서, 건축가들이 이런 내용을 숙지하면서도 자신의 건축철학에 따라 채광방식을 어떻게 택하게 되는지를 확인할 것이다. 한편 동선은, 걸으며 보는 뮤지엄 건축의 특성에 맞춰 '건축적 산책' 개념이 어떤 방식으로 구사되고 있는지를 유형별로 구분해 그 의미와 타당성을 추적할 것이다.

이렇게 뮤지엄 건축을 돌아본 후에는 오늘날 뮤지엄의 주요 경향 중 하나로 '왜 일부 현대 뮤지엄이 고전적 전시공간으로 돌아가는지'를 고찰해 보고, 그 유형과 특성을 분별해 본다. 첨단기술의 시대에 과거로의 회귀를 선택한 이유와 논리가 궁금해진다. 마지막 장에서는 현대 뮤지엄의 경향과 변천 추이를 가늠해 보며 뮤지엄의 내일을

오늘날 뮤지엄의 주요 경향 중 하나인, 옛 건축물을 활용하는 여러 유형과
특성을 살펴본다. 창고를 개조한 데 폰트 현대미술재단의 대공간.

마지막 장에서는 현대 뮤지엄의 경향과 변천 추이를 통해 뮤지엄 건축의 내일을 이야기한다. 아름다운 자연 속에 위치한 인젤 홈브로이히 미술관의 야외조각공원은, 환경예술로서 뮤지엄의 역할이 확장된 사례다.

생각해 본다. 현대건축의 실험실이라 불리는 뮤지엄 건축이 치닫는 양극단을 대조하며 현대 뮤지엄 건축의 역동적 성격을 명확히 드러내 보이기 위함이다.

뮤지엄에 가면 다양한 전시물이 우리에게 말을 걸어 온다. 마찬가지로 좋은 건축은 안팎에서, 디테일에서부터 전체에 이르기까지 전방위로 우리에게 말을 건다. 어떤 건물은 우리를 침묵으로 대할 때도 있지만, 이때에도 속 깊은 대화가 가능하다. 말없이 함께 있어도 좋은 사람들처럼 있는 듯 없는 듯 편안하게 존재한다. 정신의 산물인 건축에서 정신이 빠져 버린, 아예 말할 거리가 없는 공허한 건물을 대하는 답답함과는 다르다.

이렇게 건물과 대화가 가능한 것은 국적을 불문한 건축 어휘가 있기 때문이다. 이 어휘들은 개별로 또는 조합되어 상호관계 속에서 기능적 공간적 상징적으로 의미를 생성한다. 어휘가 모여 문장과 문단이 되고, 장과 절, 한 편의 글이 된다. 건축의 이러한 의미 전달은 장소뿐 아니라 시간도 초월한다. 이렇게 부분과 부분, 부분과 전체가 조화되어 우리 내면의 감각들과 공명될 때 공감을 일으킨다. 공감의 기준은 인간 속에 내재된, 아무것에도 따르지 않고 모든 조건을 초월하여 독립한 완전한 실재인 절대絶對가 발동되어 성립된다. 이는 주관적이기보다는 객관적 가치다. 입체감이 정밀한 눈, 코, 입 각 부분이 조화롭게 배치되어 잘생긴 얼굴이라는 데에 우리 대부분이 동의하는 것과 같다.

이렇게 우리가 건축과 침묵으로 서로 이해할 수 있다면, 때로는 더 적극적으로 대화할 수 있다면, 건축계에서 말하는 '건축적 산책la promenade architecturale'의 의미가 와 닿을 것이다. 건축물은 고정되어 있다. 그러나, 특히 뮤지엄의 경우 방문객들이 그 내부를 답파踏破함으로써 공간은 생명을 얻고 움직인다. '건축적 산책'은 내부나 외부에서만 일어날 수도 있고, 내부가 외부와 여러 방식으로 교류하면서 일어나기도 한다. 건축 공간이 우리의 감성을 연쇄적으로 자극해 동화되면 우리는 건축과 동반자가 된다. 여기에 자연광은 공간의 특수성을 드러내고 특징짓고 해석하는 건축적 요소로, 감동의 매개물로 작동한다. 이렇게 감정을 소통하는 수단이자 감동을 유발하는 핵심인자인 자연광과 어우러지며 전시공간이 면밀하게 기획되고 펼쳐진다.

그동안 무심코 지나쳤던, 전시물을 보호하는 구조물 정도로만 여겨졌던 뮤지엄 건축과도 대화하며 나들이의 즐거움을 키웠으면 한다. 감상에 집중하면서도 건축까지 즐긴다면 목적에 충실하면서 환경적으로도 유익한 건축을 우리는 제대로 누릴 수 있게 될 것이다. 각 장의 주제로 선정된 핵심 과제들을 건축가들이 어떤 의식으로 풀어 가는지, 때론 상반되기까지 하는 건축관에 따라 계획되는 여러 양태의 뮤지엄들이 어떻게 수용되고 의미를 갖게 되는지 등을 찾아가다 보면, 어느새 현대 뮤지엄 건축의 진면목을 알게 될 것이다.

차례

뮤지엄의 상징성
건축으로 드러나는 상징과 표현방식

현대 뮤지엄 건축에서는 중성적 뮤지엄과 표현적 뮤지엄이라는 두 가지 경향이 뚜렷하다. 전자가 조용히 존재함으로써 전시물을 돋보이게 하고 감상에 집중케 한다면, 후자는 건축가의 조형능력이 건물 외형에 반영됨으로써 방문객들의 눈길을 끌어 뮤지엄의 성격을 드러낸다는 장점을 내세운다. 물론 제대로 하기만 하면, 두 가지 모두 맞는 말이다. 하지만 두 경향 사이에서 어중간한 태도를 취해서는 주목받기가 쉽지 않다. 양극단에 생존의 비밀이 있다.

뮤지엄을 설계하는 건축가들은 어떤 태도를 취할까. 대답은 의외로 간단하다. 삼성미술관 리움Leeum, Samsung Museum of Art, 1995-2004은 각기 다른 개성과 건축관으로 국제적 명성을 얻은 세 건축가가 삼성아동교육문화센터(렘 콜하스Rem Koolhaas), 뮤지엄 1(마리오 보타Mario Botta)과 뮤지엄 2(장 누벨Jean Nouvel)를 나눠 작업했다. 동시에 기획되고 서로 연결된 뮤지엄이지만 각 건축가들은 자신의 평소 건축 성향을 따랐다. 극소수의 스타 건축가를 제외한 대부분의 건축가에게 뮤지엄을 설계할 기회는 거의 오지 않는다. 그렇기 때문에 기회가 주어지면 다른 유형의 건물들에 적용하던 자신의 건축 방법론 위에 뮤지엄 건축이 요구하는 특별사항을 반영한다.

평소 단순한 형태의 건물을 선호하는 건축가의 뮤지엄은 어김없이 단순하다. 수직과 수평 요소인 벽과 바닥은 평탄하며, 평면과 단면에서 직각을 유지한다. 이에 반해 형태미를 중시하는 건축가들은 조형성을 드러내는 표현적 뮤지엄을 고수한다. 뮤지엄이 뭔가를 보존하거나 보여 주는 곳이므로 그 내용물을 형태로 드러내는 것이 바람직하다는 명분도 있다. 뮤지엄의 큰 덕목 중 하나는 최대한 많은 불특정 다수의 방문객을 안으로 끌어들이는 것이다. 따라서 본래 그런 유의 작업을 하는 건축가라면 쉽게 눈길을 끄는 독특한 디자인을 시도하지 않을 이유는 없다. 형

삼성미술관 리움. 좌측이 삼성아동교육문화센터, 가운데가
뮤지엄 1, 우측이 뮤지엄 2이다.

태 표현 욕구를 충족시키면서 뮤지엄의 전시물을 상징할 수 있으니 일거양득이다. 이런 면에서 뮤지엄 건축은 상징성을 드러내 놓고 부각시킬 수 있는 건축 유형이다.

그렇다고 건축가들이 아무 기준 없이 자신의 조형 능력을 뽐내지는 않는다. 취향이 다를 수 있는 건축주와 다른 관계자들도 설득해야 한다. 그러나 그보다 먼저 자신의 만족감부터 채워야 하는데, 이 만족감은 조형적 기발함만으로는 얻어지지 않는다. 단순한 형태의 뮤지엄도 마찬가지지만, 그 성과물이 결정되기까지 전개된 사고과정이 스스로 흡족할 만큼 치열해야 한다. 건축설계는 일종의 '개성의 보편화' 과정이다. 개인의 예술적 개성을 맘껏 가꾸고 표출하되, 그것이 자신만의 독단에 의한 결과여서는 안 된다. 건축은 주어진 프로그램과 할당된 땅의 특성을 해석한 건축가의 이성과 직관이 만나는 지점에서 이루어진다. 건축가의 이성적 사고와 감성 간의 밸런스는 늘 아슬아슬하다. 현대 뮤지엄 건축에 나타나는 상징성의 유추 근거와 구현 방식을 살펴보는 이유가 여기에 있다.

20세기 초, 한때 건축에서 장식은 존재 근거를 잃을 만큼 공격을 당하고도 여전히 그 필요성이 인정됐다.[6] 비록 시대상황에 따라 비중은 다르지만 건축에서의 상징성도, 건축과는 분리될 수 없는 주요 속성 중 하나다. 더욱이 모더니즘 이후 건축에서 상징성은 회복돼야 할 가치로 복권된 바 있다. 건축은 지성과 직관의 이중적 합성물로서, 직관은 '영감에 대한 믿음'을 반영한다.

뮤지엄 건축은 흔히 공공건물로서 작품을 보존하고 전시하는 본연의 임무와 함께, 그 자체가 작품으로, 기념물로, 문화적 오브제로, 도시의 랜드마크로 기능한다. 이 점을 유념해 뮤지엄에 접근하면서 가장 먼저 눈에 들어오는 형태를 통해 발현되는 상징성을 먼저 주목해 보자. 뮤지엄 건축은 건축가들에게 이론적 탐구와 건축적 실험을 위한 흥미로운 분야로 인식된다. 가능한 한 많은 사람들이 문화예술을 향유하고 교육의 기회를 제공받는 장소이기에 그만큼 강한 흡인력이 필요하다. 따라서 상징성 고취는 문화상품으로서 대표적 관광자원인 뮤지엄 건축의 중요한 전략이라 할 수 있다. 그렇다면 그 지역의 상징물이 될 수 있는 뮤지엄을 계획할 때 건축가는 어떤 방식으로 건축물에 상징적 요소를 적용하는 것일까. 또한 상징성이 구현되는 방식을 유형별로 정리해 볼 수 있는지, 있다면 그러한 상징과 유형 간에 어떤 연관성이 있으며 그 특징은 무엇인지도 생각해 볼 문제다.

이 장에 나오는 뮤지엄들은 건축적 분석이 목적이라기보다는 현대 뮤지엄 건축에서의 상징성과 표출 유형 및 특성을 논증하기 위한 사례들이다. 유형별 특성은 각 예들이 보이는 사실에 의거하는 귀납적 논증법을 따른다. 이것은 논리적으로 필연적인 결론을 유도해내는 것이 아니라, 건축의 특성상 일부 논리의 비약까지 포함할 수 있는 보편 명제를 기대한다는 뜻이다.

상징의 의미와 건축에의 적용

뮤지엄에서의 상징성을 따져 보기 전에 상징이 무엇인지 잠깐 살펴보자. 고대 그리스어에서 '상징'이라는 단어는 본래 '증거물'을 의미했지만, 더 나아가 일정한 표징으로서 어떤 의미를 나타내는 형상을 가리킨다. 상징의 사전적 의미는 "직접 보이지 않는 사물을 그것과 어떤 유사성을 가진 것에 의해 연상시킬 때의 그 과정 또는 그 대용물"이다.[7] 즉 어떤 것을 대신하거나 표상하거나 외연으로 나타내는 것을 말한다. 상징작용은 인간에게 먹고 보고 움직이는 것만큼이나 중요한 활동이자 인간 정신의 기본과정이다. 인간은 수많은 행동의 근거를 자신의 지각을 통한 상징작용에 둔다.[8]

상징과 유사한 개념으로 기호記號가 있다. 기호는 일반적으로 직접적인 대상이 있어 일대일의 대응관계를 지니므로 하나의 의미만을 지칭한다. 반면에 상징은 여러 의미를 함축할 수 있으며, 대응관계 역시 기호처럼 단일하지 않고 다양하여 때로는 부분이 전체를 대표하기도 한다. 상징이 의미하는 것은 개념이지 물리적 사물 자체가 아니다. 기호가 분명한 뜻을 내포한 일차적 의미라면, 상징은 형상이 직접 나타내는 분명한 뜻 이외의 숨은 암시를 가진 이차적 의미로 구분 지을 수 있다.[9]

건축에서의 상징의 적용은 예술작품 창작행위에서의 그것과는 구분되어야 한다. 건축에서 상징은, 하나의 총체로 통합시켜 주는 아이디어로 정의되는 건축개념과 연관되기에, 건물에 대한 여러 측면의 요구조건들이 설계나 구성에 직접 영향을 미치는 구체적 사고로 어떻게 통합될 수 있는지 보여 준다.[10]

상징은 얼핏 보아 유사성이나 상호관련성이 없어 보이는 두 사물을 매개하는 인식의 형식으로서 의미를 가지는 동시에, 개념 전달을 위한 도구로서 사유와 존재 사이의 거리를 메워 준다. 건축가의 의도와 그것이 구현된 건물의 형태 사이에 상징체계가 형성되는 것이다. 그러면서 관람객들은 건축물에 의도된 다양한 의미를 관습이나 역사성을 통해 인지하게 된다.

특히 현대건축에서의 상징은 단일한 의미를 넘어서 다의적으로 해석될 수 있는 여유와 깊이를 가질 때 수용될 수 있다. 이때 상징은 건축가가 선택한 형태를 방어하기 위한 논리로서가 아니라, 대지의 조건과 프로그램의 요구사항을 건축가의 디자인 감각에 투영해 도출하는 과정에서 총체적인 검증을 거친 후 얻은 산물이어야 한다. 따라서 상징을 위한 상징에 그치지 않고, 형태적 기능적 이유를 동시에 만족시킬 수 있어야 한다. 〈표 1〉을 참조하여 현대 뮤지엄 건축에 나타나는 상징과 표현방식을 따라가 보자.

상징과 유추

오래전부터 창조력의 가장 잠재적인 형태였던 유추를 통한 형태의 완성은 창조행위의 근원이 됐다. 건축가가 개념이나 사상을 구체적인 형태로 표현하면 보는 사람은 유추적 사고를 통해 그 의미를 파악할 수 있다.

뮤지엄 건축은 도시적 기념물이나 문화적 오브제로서의 존재의미 덕분에 상징을 적용하는 것이 상대적으로 쉽게 인정받는 건축 유형이다. 경우에 따라서는 명쾌한 분류가 어려운 경우도 있지만, 상징성의 근거를 두 가지로 나눌 수 있다. 내적으로는 전시 프로그램에서, 외적으로는 뮤지엄이 위치한 지역의 주변 맥락이나 지역적 이미지에서 도출해내는 것이다.

전시 프로그램에서 상징의 근거를 찾는 것을 '내부로부터의 유추'라고 할 수 있는데 '부분으로 나타나는 상징성'의 경우와 '전체로 나타나는 상징성'의 경우 중 뮤지엄 자체를 형태적으로 이미지화한 사례가 여기에 속한다. 대부분의 뮤지엄에서 백화점식 나열보다는 일정 범주 내에서의 소장과 전시가 원칙이므로, 전시물에서 상징의 근거를 유추하는 것은 자연스러운 일이다.

여기에 속하는 뮤지엄 중 전투기를 정면에 매단 캘리포니아 항공우주박물관Cal-ifornia Aerospace Museum, F. O. Gehry, LA, 1981-1984이나 통에서 쏟아지는 크레용 모형을 건물 위에 올려놓은 크레욜라 뮤지엄Crayola Museum, Schwartz/Silver, Easton, 1996, 화산을 상

워싱턴 주립 역사박물관. 동일 구조가 반복되어 있다. 왼쪽 끝에 유니언 역이 있고, 바로 옆에 박물관의 주 입구가 있다.
박물관과 마주 보는 쪽에도 적벽돌 건물들이 많다.

징하는 원뿔형을 도입한 화산활동 유럽센터Vulcania: The European Centre of Volcanism, H.
Hollein, St-Ours-les-Roches, 1994-2002 등은 전시내용을 특정 오브제로 직접 인용한 사례
다. 이런 뮤지엄은 시선을 집중시키고 누구나 전시내용을 짐작하게 하는 장점이
있지만, 자칫 뮤지엄 건축이 희화화될 우려가 있다.

미국 홀로코스트 기념박물관The United States Holocaust Memorial Museum, J. I. Freed, Wash-
ington D.C., 1985-1993이나 베를린 유대인박물관Jüdisches Museum Berlin, D. Libeskind, Berlin, 1989-
1997은 건물의 형태와 내부공간 전체를 통해 전시 프로그램의 내용을 표현한다. 이
경우 전반적 환경이 전시 목적에 집중되는 효과가 있다. 외형과 공간의 독특함이
분위기를 잡아 주지만 전시물로의 집중력이 오히려 약화되는 면도 있다. 건축물
자체가 전시 대상이 되어 내부의 전시물들과 시선 끌기 경쟁이 일어나기 때문이
다. 그러나 긍정적으로 본다면 건물은 분위기를 잡고, 전시물은 해당 내용을 디테
일하게 보여 주는 역할분담이 이루어지기도 한다.

다음은 '외부로부터의 유추' 다. 뮤지엄도 장소성이 중시되는 하나의 건축물로
서, 외부에서 나타나는 특징들을 유추의 근거로 삼을 수 있다. 이 경우는 '전체로
나타나는 상징성' 의 경우에 속하며, 뮤지엄 건물의 형태나 재료, 색채 등을 이미
지화하면서 뮤지엄이 위치한 지역의 특성에서 상징의 근거를 찾는다.

쾰른 대성당과 라인 강을 배려한 루트비히 미술관Ludwig Museum, P. Busmann, Köln,
1975-1986, 주변의 전통적 석조 주거건물들과 1세기 초 고대 로마 시대 유적인 메종

표 1. 현대 뮤지엄 건축에 나타나는 상징과 표현방식.

유추 근거	상징의 방식			사례 뮤지엄	건축물의 특징과 상징 내용	장단점
내부로부터의 유추	부분적 상징성	오브제의 활용		캘리포니아 항공우주박물관	파사드에 전투기 모형과 우주를 상징하는 구체를 설치해 주목성을 높임.	전시 내용을 쉽게 전달할 수 있지만 뮤지엄 건축을 희화화할 소지가 있음.
				크레올라 뮤지엄	건물 전면에 자사 제품의 크레용이 쏟아지는 조형물을 설치함.	
				독일연방공화국 국립현대미술관	정사각형의 단순한 건물에 세 개의 유리 원뿔을 세워, 축제의 의미를 강조함.	
				화산활동 유럽센터	돌출된 원뿔형 건물은 화산 이미지를, 지하로 파 내려간 원뿔형 굴착은 지하 에너지를 상징함.	
				루브르 박물관	근원적 형상인 유리 피라미드는, 분산되어 있는 출입구를 집중시키고, 명료한 건축적 기호로 작동함.	
		톱날지붕 고측창 또는 천창 노출		헤이그 시립미술관	네덜란드의 전통 건축재료인 벽돌로 집적한 근대적 큐브 위에 천창을 접목함.	자연채광을 위한 지붕구조가 뮤지엄임을 드러내 주지만 톱날지붕고측창이나 천창 없이는 뮤지엄의 용도를 파악하기 어려움.
				로스앤젤레스 현대미술관	육면체형의 건물들과 피라미드형 천창들이 어우러져 순수하고 추상적인 기하학을 형성함.	
				바우하우스 아카이브	전시기능에 맞게 자연광을 받아들이는 지붕구조가 디자인의 주제가 됨.	
				스톡홀름 근대미술 건축 박물관	분절되고 공장 같은 분위기를 풍기는 적벽돌 건물의 피라미드형 지붕 중심에 정사각형 천창을 조성함.	
외부로부터의 유추	전체적 상징성	형태적 이미지화		비트라 디자인 뮤지엄	빛의 유입부를 뒤틀어 자사 제품 디자인의 독특성을 강조함.	주변 맥락과 차별화되고 전시 내용과 건축가의 의도를 전달하는 데 용이하나, 이미지가 고정되거나, 감상, 집중력이 약화될 수 있음.
				미국 홀로코스트 기념박물관	대학살의 비극을 반성하고 희생자를 추모하기 위해 당시의 포로수용소 같은 분위기를 조성함.	
				뉴메트로폴리스 과학센터	앞에서는 정박한 배를, 뒤에서는 출항하는 배의 이미지를 표현함.	
				베를린 유대인박물관	지그재그인 평면과 좁고 기울어진 복도형 동선 등을 통해 인류사의 비이성적 만행을 간접적으로 체험하게 함.	
				임페리얼 전쟁기념관	분열되고 파편화된 세계를 평면과 외형에서 표현함.	
				구겐하임 빌바오 미술관	물고기 형상으로 운동감을 부여하고, 도시의 역사적 의미를 재창출함.	
		지역성 참조	인근 대상물	루트비히 미술관	V자형으로 갈라진 볼륨 사이로 쾰른 대성당이 솟구치도록 설계되었으며, 채광 시스템 또한 주변과 조화를 이룸.	주변 맥락과 형태적으로 조화를 이룸.
				국립 로마 미술관	내외부를 로마 시대의 축조방식을 응용하여 전통 도시의 이미지를 고수함.	
				카레 다르	전통 주거양식을 따른 평면과 메종 카레에 대응한 주 파사드의 비례와 형식이 주변과 조화를 이룸.	
			주변 환경	아를 고대사박물관	시간의 영속성을 에말리 블루로 표현함.	주변 맥락과 은유적으로 조화를 이룸.
				제일차세계대전 역사관	백색 콘크리트는 폭격으로 파헤쳐진 피카르디 지방의 백토를, 대리석 실린더는 참전했던 개개인을 상징함.	

카레Maison Carrée의 맞은편에 위치한 카레 다르Carré d'Art, N. Foster, Nîmes, 1984-1993, 역시 고대 로마의 건축양식인 벽돌조 바실리카basilica[11]를 차용한 메리다의 국립 로마 미술관Museo Nacional de Arte Romano, R. Moneo, Merida, 1980-1986, 전체 구조와 외장 재료가 주 출입구 바로 옆에 위치한 유니언 역Union Station에 그대로 맞춘 워싱턴 주립 역사 박물관Washington State History Museum, Charles Moore, Tacoma, 1996 등은 주변 환경을 직접적으로 참조한 경우다.

반면에 지중해의 하늘을 상징하는 파란색을 덧입힌 아를 고대사박물관Musée de l'Arles Antique, Henri Ciriani, Arles, 1983-1995이나, 제일차세계대전의 참혹했던 참호 전투를 연상시키며 그 지역의 땅을 상징하는 백색 콘크리트를 내외부 전체에 노출시킨 제일차세계대전 역사관Historial de la Grande Guerre, H. Ciriani, Péronne, 1988-1992[12]은 지역적 이미지에서 도출한 특징을 상징으로 이용했다.

다음으로 이러한 뮤지엄들에서 실제로 어떻게 상징성이 표상되고 있는지 좀 더 자세히 들여다보자.

부분적 상징성

우선 건물의 특정 부분으로 시선을 유도해 효과를 거두는 '부분적 상징성'과 건물의 배치나 형태, 파사드, 구조나 재료 또는 공간을 통해 '전체적 상징성'을 고취하는 경우로 크게 나누어 볼 수 있다. 부분으로 나타나는 상징성은 내부로부터의 유추 중 직설적 인용법에 해당한다. 이는 다시 특정 오브제를 눈에 쉽게 띄는 곳에 내세워 뮤지엄의 전시 내용을 금방 파악하게 하는 경우와, 톱날지붕고측창sheds 같은 천창 시스템을 채택하여 뮤지엄이라는 용도를 밖으로 드러내는 경우로 나뉜다.

특정 오브제의 활용

캘리포니아 항공우주박물관과 크레올라 뮤지엄은 전시 내용과 직접 연관된 특정 오브제를 전면에 내세웠다. 전자의 경우 건축가는 전시물의 독특성을 극적으로 표현하기 위해 항공을 상징하는 전투기 모형을 주 파사드에 핀으로 매달고, 우주를 상징하는 구체球體를 전면 유리창의 내부 천장에 매달아 외부에서 보이게 했다. 건물 본체도 우주의 혼돈을 보여 주듯 구축의 엄격함을 감추고 정형적인 부분에 치장벽토를, 비정형적인 부분에 함석판을 사용하는 재료의 콜라주 기법을 적용해,

의도적으로 건물을 불안정하게 보이도록 했다. 이 불안정한 외부 이미지는 한 공간으로 트인 내부에서 극적인 전시 분위기를 고양하는 데 일조한다. 전진 배치된 전투기는 시각을 집중시켜, 본체는 자연스럽게 그 배경으로 읽힌다. 크레욜라 뮤지엄은 벽돌로 쌓은 상자형 뮤지엄 본체와 건물의 상부에서 쏟아지는 동적動的인 크레용 모형물이 대비되어 시선을 끈다. 건물 앞에 비행기가 매달려 있거나 크레용이 쏟아지고 있으니, 눈길이 가지 않을 수 없는 것이다.

　이런 예들은 실제 쓰임새는 없는 장식물을 내세운 경우이지만, 어떤 뮤지엄들은 부분적 상징물에 기능을 담기도 한다. 서로 마주 보고 있는, 일 년 먼저 설계된 본 미술관Kunstmuseum Bonn, Axel Schultes, Bonn, 1985-1992의 정사각형 윤곽에 맞춰 정사각형의 단순한 박스 형태를 취한 독일연방공화국 국립현대미술관Kunst und Ausstellungshalle der Bundesrepublik Deutschland, Gustav Peichl, Bonn, 1986-1992

은, 옥상 테라스에 있는 세 개의 유리 원뿔이 건물이 상징하고자 하는 '축제'의 의미를 고양시키면서 하부의 넓은 전시공간으로 빛을 유입시킨다. 또 두 미술관 사이의 광장에 놓인 강렬한 사선의 계단은 방문객들을 자연스럽게 옥상 테라스로 이끈다.

　홀라인Hans Hollein, 1934-2014의 화산활동 유럽센터는 시각을 직접 자극하는 상징이 지닌 호소력을 보여 준다. 오베르뉴Aubergne의 주의회州議會 의장이었던 전 프랑스 대통령 지스카르 데스탱V. Giscard d'Estaing은 전문 심사위원들이 당선작으로 권고한 빌모트Jean-Michel Wilmotte, 1948- 의 계획안 대신 홀라인의 계획안을 최종 당선작으로 선정했다. 빌모트의 계획안은 건설 예정 대지와 주변 70여 킬로미터에 걸쳐 펼쳐진 화산군火山群을 배려하면서 햇빛을 받아들이기 위해 길이 171미터, 폭 24미터의 땅을 파낸 '단층'이 있는 곳에 묻혀 있다. 이 제안은, "뮤지엄은 거의 숨겨져

캘리포니아 항공우주박물관.(위)
크레욜라 뮤지엄.(아래)

야 한다. 우리가 가치를 둔 것은 자연 속에서의 뮤지엄이다"라고 명시된 설계지침서에 호응해 심사위원들의 호평을 이끌어냈다.

　그러나 가능한 한 자신의 모습을 감춘 빌모트의 계획안은 건축 전문가가 아닌 최종 결정권자의 관심을 끌지 못했다. 반면에 설계지침서의 요구를 의도적으로 무

독일연방공화국 국립현대미술관.

시한 홀라인의 계획안은 화산을 상징하는 큼직한 원뿔이 지상에 돌출되어 있고 그만큼이 다시 지하로 들어가 있다. 단면도에서 확인할 수 있듯이, 건물의 상당 부분을 지면 아래로 내린 이 제안은, 지역 전문가들의 오랜 연구 결과 과시적으로 드러나는 뮤지엄보다 '숨겨진 뮤지엄'이 필요하다고 결정한 프로그램의 의도와는 맞지 않았지만 비전문가의 눈길을 끌기에는 유리했다. "빌모트의 계획안은 기하학적이고 선적이며 대칭적인 건축 구성으로 인해 상투적인 뮤지엄 이미지를 갖고 있어 화산 현상을 잘 표현하지 못한다." 반면 "홀라인의 계획안에서 성취된 공간 처리는 화산에 대한 기억을 분명하게 살리고 일체화시킬 상징적인 이미지를 지니고 있다"[13]는 지스카르 데스탱의 평가가 그것을 말해 준다.

홀라인은 1992년 프랑스 최고 건축 작품상인 은삼각자상Prix de l'équerre d'argent 수상작을 선정하는 심사위원으로 활동할 때 후보작이었던 앙리 시리아니Henri Ciriani의 제일차세계대전 역사관을 "탁월한 공간적 질은 인정하지만 제일차세계대전의 비극을 보여 주기에는 너무 평화롭다"[14]고 평가하며 우수상에 그치게 했다. 이 논평은 홀라인이 설계공모전 지침서에 명시된, 역사관이 "전쟁의 참화를 드러내서는 안 되며, '평화의 작품l'Oeuvre de Paix'이 돼야 한다"는 요구를 몰랐거나 무시했음을 보여 준다.

홀라인의 화산활동 유럽센터 단면도.

지스카르 데스탱은, '프랑수아 미테랑의 대규모 프로젝트들les Grands projets de François Mitterrand, 공식 명칭은 Grands opérations d'architecture et d'urbanisme'[15]을 기획해 국제공모전이나 초청설계공모전을 통해 각국의 뛰어난 건축가들에게 과감하게 설계를 맡긴 후임 미테랑 대통령만큼의 배포와 자신감, 건축가에 대한 신뢰가 없었던 것 같다. 그리고 자신의 정치적 라이벌이었던 미테랑 대통령의 대규모 프로젝트에 참여했던 건축가가 자신의 관할 지역에 중요한 건물을 짓는 것이 못마땅했을 수도 있다. 빌모트는 미테랑에 의해 선임돼 루브르 박물관의 개조와 확장을 주도했던 이오 밍 페이Ieoh Ming Pei, 1917- 를 도운 적이 있다. 미테랑은 대규모 프로젝트 설계

빌모트의 화산활동 유럽센터 계획안 단면도.

권의 상당수가 외국 건축가들에게 넘어가는 것에 대한 자국 내의 우려와 불만에 대해, 바로 그것이 프랑스의 포용력이자 능력이라고 자신있게 대답했다. 건축가를 전폭적으로 신임했음은 물론이다. 그는 19세기 말과 20세기 초, 네덜란드 태생인 몬드리안P. Mondrian이나 고흐, 스페인 태생의 피카소 같은 화가들이 파리로 와 자신들의 화풍을 일신하고 파리를 예술의 중심 도시로 확고하게 자리잡게 했던 역사를 기억했을 것이다.

루브르 박물관의 유리 피라미드는, 긴 선형 건물인 루브르 궁을 박물관으로 개조한 까닭에 분산됐던 여러 출입구를 한 곳으로 집중시킬 필요성에서 비롯됐다. 중국계 미국인 건축가 페이는 국가적 기념물인 루브르 궁을 구조적으로 변형시키거나 시각적으로 가리지 않으면서 대규모 박물관에 필요한 부대시설들과 중앙 홀을 수용하기 위해 '나폴레옹의 뜰' 지하를 파겠다는 아이디어를 냈다. 이 홀의 중심부 상부에 위치한 유리 피라미드는 고대에서부터 근대회화 이전까지의 고전 예술

루브르 박물관의 입구홀.

품과 유물만을 소장·전시하는 루브르 박물관에 어울리는, 가장 명료한 건축적 기호였다. 지하인 중앙 홀로 빛을 들이는 이 피라미드는 아일랜드의 탁월한 구조 설계자로서 시드니 오페라하우스Sydney Opera House, Jørn Utzon, 1956-1973와 퐁피두센터Centre Georges Pompidou, R. Piano & R. Rogers, Paris, 1972-1977의 구조설계를 수행한 라이스Peter Rice, 1935-1992가 설계한 것으로, 섬세하면서도 첨단의 구조 시스템과 유리의 투명성을 통해 현대적 이미지를 자랑한다. 나폴레옹의 이집트 원정을 상기시키기도 하는 이 피라미드는 "매우 고전적이자 원시적인 구조물이지만, 또한 모든 시대를 통해 가장 근원적인 기하 형태"[16]이기 때문에 오히려 시대를 초월하는 보편성을 갖는다. 이집트 피라미드를 대표하는 기자 피라미드의 각도를 따른 이 유리 피라미드는 특정 오브제를 활용한 부분적 상징성을 취했음에도 안정감 속에서 고전적인 배경을

지닌 채 호흡한다. 투명한 유리 재질로 국가 문화재인 루브르 궁을 가리지 않으며, 완벽한 기하학으로 역사적 장소의 위엄을 더욱 돋보이게 한다.

톱날지붕고측창이나 천창의 노출

부분적 상징성 표출의 또 다른 예로, 톱날지붕고측창이나 천창을 눈에 띄게 드러내는 경우를 살펴보자. 외부 재료가 유리인 극소수의 뮤지엄을 제외하면, 뮤지엄 건축을 다른 유형의 건물들과 구별되게 하는 외관상의 특징은 바로 벽면에 창이 상대적으로 적거나 없다는 점이다. 사람이 머무는 대부분의 건물에는 채광이나 환기, 조망을 위해 여러 개의 창이 있기 마련이다. 그런데 뮤지엄과 같이 잘 지어진 건물에서 창이 거의 없는 모습은 색다름과 함께 건물의 볼륨감을 살려 주고, 형태미를 한껏 부각시킨다. 이렇게 외부로 열린 부분이 드문 것은 면적 대비 전시 벽면의 길이를 확보해야 하는 뮤지엄의 특성과도 무관하지 않다. 이런 뮤지엄 건축의 특성상 바깥에서 지붕선 위로 보이는 톱날지붕고측창이나 천창은 그 아래에 전시공간이 있음을 알려 준다. 외부에서는 보이지 않는 중정이나 천창을 통해 자연광을 끌어들이는 것이다. 톱날지붕고측창은 전기가 없거나 부족했거나 비쌌던 산업혁명 시대 이후의 공장 건축에서 유래됐지만, 오늘날에는 뮤지엄 건축의 전유물이 되다시피 했다.

헤이그 시립미술관Gemeentemuseum, H. P. Berlage, Den Haag, 1931-1935은, 1930년대에 들어와서야 겨우 고전건축의 양식에서 벗어난 초기 근대 뮤지엄의 예라고 할 수 있

헤이그 시립미술관.

로스앤젤레스 현대미술관.

다. 이 미술관은 궁전이나 성당, 르네상스풍의 대저택 등에서 차용한 외관과 좌우 대칭의 전통을 지녔던 이전 뮤지엄의 모습에서 탈피했다. 네덜란드의 전통 건축 재료인 벽돌로 만들어진 단순한 육면체들이 집적된 외관은 상부에 보이는 커다란 천창의 존재가 아니면 용도를 짐작하기 어렵다.

이와 같이 천창을 통해 용도를 드러내는 현대 뮤지엄의 사례는 많다. 뒤에서 재론되겠지만 로스앤젤레스 현대미술관The Museum of Contemporary Art, A. Isozaki, LA, 1981-1986이 내외부적으로 여러 가지 모습을 지닌 데에는 천창 채광방식이 큰 역할을 한다. 이곳에 있는 여러 크기의 피라미드형 천창은 행정동의 둥근 터널형 지붕과 함께 과거의 건축을 은유적으로 일깨우며, 이 미술관은 건물의 육면체군群과 어우러져 순수하고 추상적인 기하학의 집적물이 되고 있다. 피라미드형 천창들은 단편화된 현대 대도시의 특성을 드러내며, 캘리포니아 플라자의 중심에서 상징적 건물이 되고자 하는 이 미술관의 대외적 표현이기도 하다. 이러한 여러 모양과 크기를 지닌 기하학적 형상의 집합에서 미술관 주변의 고층건물들이 지닌 고압적 비인간성에 대항하는 상징성이 엿보인다.[17]

바우하우스 아카이브의 줄지어 선 천창.

그로피우스Walter Gropius, 1883-1969가 설계한 바우하우스 아카이브Bauhaus Archives, Berlin, 1976-1978의 자연 채광은 계획 초기부터 조정된 자연과의 균형과 유동성 있는 예술적인 빛을 제공하고자 한 건축가의

스톡홀름 근대미술건축 박물관 스케치.

의도에서 비롯됐다. 이에 따라 다양한 빛 효과, 그리고 다양한 크기와 비율과 높이를 갖는 유동성 있는 갤러리 공간이 여러 종류의 예술품 전시에 이용됐다. 여기서 디자인의 주제는 전시기능에 맞게 자연광을 받아들이는 지붕구조이다. 천창의 형태와 수는 세 개의 주 전시공간 위에 연속된 볼트에 좌우되나, 우물천장 안으로 채용이 가능한 빛에 의해 추가된다. 스톡홀름 근대미술건축 박물관Moderna and Arkitektur Museet, Stockholm, 1991-1997도 천창 시스템을 통해 뮤지엄의 용도를 표현하고 있다. 스페인 건축가 라파엘 모네오Rafael Moneo, 1937- 는 자신이 설계한 메리다의 국립 로마 미술관에서도 그랬던 것처럼 장소성을 중시하는 건축가다. 이번에도 그는 박물관이 위치한 섬의 환경을 최대한 보전하는 데 중점을 두고 스톡홀름과 섬의 분절된 건물 패턴에 따라 박물관을 분절된 구조물로 제시했다. 조선소, 창고, 작업장 등이 있었던 섬의 역사를 감안하여 제시된 공장 분위기의 상자형 적벽돌 건물은 주변 건물과 나무 등과 어울려 쉽게 드러나지 않는다. 하지만 피라미드형 지붕 중앙에 얹힌 정육면체의 유리 천창이 그 아래에 전시공간이 있음을 알려 준다.

이와 같은 사례들이 톱날지붕고측창과 천창이 없었다면 식별이 어려웠을 전시공간의 존재를 드러내 주며 뮤지엄을 의미하는 상징물로 자리잡은 경우다.

전체적 상징성

한편 뮤지엄 건물 전체를 통해 광범위하게 적용하는 전체적 상징성도 두 가지 양상으로 나누어 볼 수 있다. 첫번째는 전체 건물 형태에서 뮤지엄의 전시 프로그램을 표현하는 것으로, 뮤지엄 건물 자체를 직접적으로 이미지화 하는 경우다. 두번째는 도시나 자연 같은 주변 맥락이 녹아든 지역성을 고려해 뮤지엄이 들어설 지역의 이미지를 은유적이지만 포괄적으로 수용하는 경우다.

직접적인 이미지화

조각적 건축을 추구하는 프랭크 게리Frank O. Gehry, 1929- 의 구겐하임 빌바오 미술관 Guggenheim Bilbao Museum, Bilbao, 1991-1997은 프리츠 랑Fritz Lang의 에스에프SF 영화 〈메트로폴리스Metropolis〉(1927)에 나오는 장면들과 브랑쿠시Constantin Brancusi의 조각작품들, 그리고 빌바오 채석장의 이미지 등에서 생동감과 통제된 힘을 끌어내어 형태이미지를 개념화하는 데서 출발했다. 또한 대지 주변의 고가도로와 철로 및 강둑을 뮤지엄 설계에 적극 포함시켜, 장식이 아닌 운동감을 주는 요소로서 형태와 재료를 선택했다. 평소 건축가는 각양각색의 옷을 입고 온갖 표현을 토해내는 칵테일 파티 참석자들을 바라보는 것을 즐긴다고 하는데, 그처럼 건축에 감정을 불어넣기 위해 움직임movement을 주제로 삼은 것이다.[18] 비트라 디자인 뮤지엄Vitra Design Museum, Weil am Rhein, 1987-1989에서 잘 디자인된 고품질 의자 생산업체인 비트라의 기업 이미지를 독특한 뒤틀림으로 표현하기도 했던 그는, 빌바오에서도 중성적 전시환경을 꺼려 했다. 대신 인근의 교회와 작은 건물들에 대응한 압타이베르크 미술관Städtische Museum Abteiberg, H. Hollein, Mönchengladbach, 1972-1982이나 미술관의 중심부

구겐하임 빌바오 미술관.(위)
비트라 디자인 뮤지엄.(아래)

를 가로질러 외부 통과로를 설치한 슈투트가르트 시립미술관 신관Neue Staatsgalerie, J. Stirling, Stuttgart, 1977-1984이 보여 준 도시적 사고에 주목했다. 그는 쇠락일로에 있던 작은 공업도시 빌바오에 생기를 불어넣기 위해, 형태를 만드는 과정에 구조를 종속시켜 부정형의 형상과 연속적인 표면을 만들었다. 이 미술관이 지어진 후 주변에 대형 호텔과 공연장, 컨벤션센터 등이 들어서면서 이 지역은 국제적 문화단지로 탈바꿈했다. 하나의 미술관이 도시에 줄 수 있는 문화적 영향력이 어느 정도까지인지를 생생하게 보여 주는 사례이다.[19]

미국 홀로코스트 기념박물관은 나치 정권에 의해 박해받고 학살당한 유대인들을 추모하는 장소로서

미국 홀로코스트 기념박물관.

건물 전체가 상징성을 드러낸다. 전례 없던 비극과 고난을 생생히 기억하면서 서로 의지하는 세계인으로서의 책임과 도덕성을 촉구한 것이다. 건축가는 공포감을 전달해, 대학살을 초래한 야만성이 현재에도 여전히 전 세계를 위협하고 있음을 알리려 했다.[20] 그리고 모든 사람이 이해할 수 있는 건축적 언어로 이를 상징하여 표현하고자 했다.[21] 이러한 시도는 건물 전체의 볼륨으로 나타나며, 방문객은 마치 죄수가 된 것처럼 수용소를 재현한 건물에 둘러싸인다. 개방된 아트리움 공간인 '증언의 홀'을 가로지르는 3층 높이의 여러 개의 다리는 방문객들에게 감시당하고 있다는 느낌이 들게 한다. 5층에서 도서관과 각 전시실을 이어 주는 이 다리들은 유대주의의 해독으로부터 사람들을 격리시키는 역할을 의미한다. 그것은 결국 세균에 의한 죽음을 암시하며, 유대인들을 병을 옮기는 병원체에 불과한 존재로 보았음을 나타낸다. 주로 강철과 벽돌로 마감된 내부도 수용소 분위기를 재현하며, 별도의 방에 있는 세 개의 엘리베이터는 마치 가스실로 들어가는 입구 같아 섬뜩하다. 유대인 수송열차를 재현한 곳의 작은 창을 통해 들어오는 빛은 아름답지만, 오히려 절망감을 자아낸다. 육각형으로 된 '회상의 홀'은 유대인의 희망인 다윗의 별이자 학살된 육백만 유대인을 상징한다. 이렇게 이 기념관은 벽돌과 강

미국 홀로코스트 기념박물관 내부.

뉴메트로폴리스 과학센터.

철을 이용하여 나치의 잔학성과 그에 대한 기억을 회상시키는, 아름다움과 공포가 동시에 반영된 거대한 상징조형물이다. 건축가는 내부 전시공간에서 건물과 전시 대상을 함께 조합해 건축가의 작품과 전시 자료 간의 구분을 없애고자 했다. 이 기념관 안에 담겨 있는 서술적 구성방식은 기념관 이전에 존재한 특정 시간과 장소의 죽음과 파괴의 이미지들로 채워져 있다.[22]

형태적 은유를 통해 선박의 이미지를 건물에 표현한 뉴메트로폴리스 과학센터Science Center New Metropolis, R. Piano, Amsterdam, 1992-1997도 건물의 형태로 프로그램과 맥락성을 함께 드러낸다. 암스테르담 역을 마주 보면서 항구에 면한 이 뮤지엄은 뒤에서 보면 출항하는 배, 앞에서 보면 정박한 배의 이미지다. 보는 방향에 따라 정적이거나 동적인 느낌을 준다. 건물 내부는 배의 형상을 한 단일공간으로 읽히도록, 크게 열린 채 빛을 받아들이며 공간 전체를 하나로 인식할 수 있도록 관람 방향을 제시한다.

사고, 조직, 관계에 있어 두 가지 선線에 관한 프로젝트였기 때문에 건축가에 의해 '선들 사이에서between the lines'라고 명명된 베를린 유대인박물관에는 대립적이고 이율배반적인 선들이 공존한다. 그것은 직선이면서 파괴된 무수한 단편을 가지고 있는 선과, 꺾인 선이지만 무한하게 계속되는 선이다. 건물의 지그재그 평면은 유대인들에게 부착됐던 노란색 별의 상징으로, 다섯 모서리가 뾰족한 별의 안정적 좌우 대칭이 깨지고 뒤틀어 나타난 비합리적 매트릭스를 떠올린 결과다. 건물에는 프로그램상 세 개의 층으로 구분된 세 개의 도로가 있다. 첫번째 도로는 연속성으로 통하는 축으로, 베를린의 역사에 이어 전시공간으로 이어진다. 두번째 도로는 유대인의 추방과 이민을 상징하며 외부의 호프만 정원으로 연결된다. 세번째 도로는 대학살을 상징하는 막다른 공간에 이른다. 방문객은 지그재그로 된 건물 내의 세 도로가 갖는 상징성과 좁고 높으며 기울어진 노출 콘크리트 벽으로 된 통행공간 곳곳에서 느낄

베를린 유대인박물관.

베를린 유대인박물관 내부. 모두 다른 고통을 받았던 얼굴 하나하나를 밟는 울림이 굉장히 크다.

임페리얼 전쟁기념관.

수 있는 압박감 등, 왜곡되고 찢어진 날카로운 선들 사이에서 20세기 현대 인류사의 가장 비이성적 만행을 간접적으로나마 체험한다. 전시물이 설치된 현재 못지않게 개관 이 년 전 내부가 텅 빈 채 공개됐던 때에도 감동적이었다는 진술[23]에서 이 건물이 지닌 상징성이 얼마나 생생하게 방문객에게 전달되는가를 확인할 수 있다. 건축가는 맨체스터의 임페리얼 전쟁기념관Imperial War Museum of the North, Manchester, 1997-2001에서도 분열되어 파편화된 세계를 평면과 형태 설정의 기본개념으로 삼아 20세기의 투쟁과 미래를 건물 전체로 그려냈다.

이와 같이 건물의 형태와 내부의 공간에서 전반적으로 상징성을 드러내고자 하는 경우는 주로 전시 프로그램 등 내부적 조건에서 상징의 근거를 끌어낸 뮤지엄들에서 발견된다. 그 결과 주변 맥락과의 차별성으로 인해 특별한 외관이 시선을 끌고 뮤지엄의 전시 프로그램과 건축가의 의도를 쉽게 이해할 수 있는 장점이 있다. 다만, 소설작품이 영화화됐을 때 상상력을 제한하고 이미지가 고정되어 버리듯, 상징이 고착되고 전시물에 대한 집중력이 약화되는 단점을 극복하는 것이 관건이다.

지역성에서 유추된 상징성

지역성에서 비롯된 상징성을 드러내는 경우는 주로 외부 조건에서 상징의 근거를 이끌어낸 뮤지엄들이다. 이 경우에는 주변 맥락 등 지역성을 중시해 뮤지엄이 들어선 지역의 이미지를 은유적이지만 포괄적으로 수용하고 있어, 뮤지엄 건물을 형태적으로 이미지화하는 경우보다 즉각적 호소력은 떨어진다. 하지만 주변 환경과 조화를 이루면서 은근한 상징적 효과를 기대할 수 있다.

그 방안으로 주변 대상물을 참조하는 경우가 있다. 인근의 대성당이나 전통 건축양식 등 직접적으로 참조할 만한 대상을 염두에 둔 사례로 루트비히 미술관이 있다. 건축가는 중요한 역사적 건축물인 쾰른 대성당 후면과 독일의 젖줄 라인 강 사이에 위치한 미술관을 구상하면서 강 건너 도시에서 봤을 때 대성당을 가리지 않는 것을 가장 염두에 두었음을 알 수 있다. 그 결과 미술관의 볼륨을 중앙부가 비워진 V자형으로 가르고(이 공공통과로 아래로는 미술관이 연결돼 있다) 그 사

하늘에서 본 울름 슈타트하우스.

이에서 대성당이 솟구치도록 설계됐다. 미술관의 집광시스템은 수직적인 대성당의 작은 첨탑들과 어울린다. 대성당을 배려하면서 기존 건물들과의 조화를 최우선적 가치로 여긴 것이다.

마이어Richard Meier, 1934- 가 울름 대성당 광장에 계획한 울름 슈타트하우스Ulm Stadthaus, Ulm, 1986-1993도 정교한 장식으로 채워진 채 하늘을 향해 찌를 듯 상승하는 대성당에 현대 건축물이 어떻게 대응하는지 보여 준다. 마이어는 의도적으로 성당으로 접근하는 광장 쪽에, 닫혀 있는 희고 매끈한 곡벽을 수평성이 강한 노출 보와 기둥에 얹어 대성당을 가리지 않으면서 서로 다른 건축적 특성을 대비시킴으로써 규모가 작은 슈타트하우스의 정체성을 확보했다. 대성당의 존재를 배려하면서도 위압적이지 않은 방안을 찾은 것이다. 울름 슈타트하우스의 삼각박공 유리지붕은 전시실로 빛을 유입시키면서 인근의 중세식 주거건물들의 지붕과 잘 어울린다. 뮌스터 광장의 장식요소나 보완물처럼 보이는 이 건물은, 여러 개의 동심원으로 둘러싸여 있는 나인 스퀘어의 평면을 기초로 한다. 여기서 교차되는 일련의 축들과 전면의 선들의 일부는 대성당으로부터, 그 나머지는 스퀘어와 그 주변 환경이 지닌 전반적인 기하학적 구조로부터 도출했다.[24]

특이하게도 쾰른 대성당 남쪽 측면에 바짝 붙여 건립된 로마 게르만 박물관 Römisch-Germanisches Museum, Heinz Röcke, Köln, 1963-1974은 지나치게 가까이 있는 거대한 대성당에 견줄 수가 없어, 아예 가장 기본적인 형태를 띤 채 묵묵히 서 있다. 마치, 앞으로 여러 번 거론될 르 코르뷔지에Le Corbusier, 1887-1965의 무한성장박물관Musée à Croissance Il-limité, 1939처럼 무표정한 상자형의 닫힌 볼륨을 필로티pilotis[25] 위에 얹어 독자성을 지켜낸다.

울름 슈타트하우스와 대성당 스케치.

또 하나의 예인 라파엘 모네오의 국립 로마 미술관이 세워진 메리다는 스페인에서 가장 중요한 고대 로마 도시다. 모네오는 메리다에서 과거 도시의 풍성함과 전통을 회복시키고자 로마 시대의 축조방식을 채용했다. 그 결과 이 뮤지엄은 형태와 공간 모두에서 로마 시대를 연상시킨다. 앞서

퀼른 대성당 뒤쪽에 위치한 루트비히 미술관(위)과
남쪽에 바짝 붙어 있는 로마 게르만 박물관(아래).

살펴본 바와 같이 뮤지엄 자체의 형태로 상징을 드러내는 유형과도 관련이 있지만, 형태의 특이함을 추구하기보다 전통 도시 이미지를 고수했다는 점에서 지역성에 상징의 근거를 둔 뮤지엄으로 분류할 수 있겠다. 열 개의 전시 앨코브alcove**26**를 형성하는, 장벽에 직교하는 열 개의 버팀벽retaining wall은 로마 시대와 유사하게 콘크리트를 안에 채운 조적조 내력벽이다. 벽돌에 석회석을 바르지 않고 최소한의 연결만 한 점도 과거 분위기를 재현한다. 기둥, 아치, 계단, 창, 지붕, 그 외의 요소들도 로마 방식에 충실하다. 거대한 하나의 네이브nave, 회중석**27** 같은 기념비적인 공간 안에 서면, 고대 로마의 석조물 유적에 들어온 듯하다.

카레 다르는 원형 경기장이나 수도교와 같은 고대 로마 유적들이 남아 있는 님Nîmes 구시가지의 중심부에 위치한다. 영국의 건축가 노먼 포스터Norman Foster는 지중해 연안의 더위에 대응해, 건물로 둘러싸여 시원한 그늘이 만들어지는 작은 안뜰을 지닌 그 지역의 전통 주거양식을 따랐다. 인근 주거건물들과 높이를 맞추기 위해 건물은 지하 4층까지 내려졌고, 지상 4층부터 지하 2층까지 여섯 개 층을 관통하는 ㅁ자형의 비워진 중심 부분을 통해 건물 지하층까지 자연광이 유입된다. 이

국립 로마 미술관의 전시공간.

를 위해 중심부의 열린 공간에 놓인 넓은 계단의 디딤판은 녹색빛의 유리로 만들어져 빛을 통과시킨다. 정면에 있는 다섯 개의 가늘고 긴 금속기둥은, 1952년에 화재로 소실되기까지 본래 그 자리에 있었던, 고전 양식 극장의 다섯 열주를 떠올리게 하면서 그 아래에 주 출입구가 있음을 알리는 금속 루버louver를 받친다. 이 금속기둥들은 전면 광장에 위치한, 고대 로마 유적인 메종 카레 입구에 있는 여섯 개의 코린트 오더Corinth order**28**와도 교감한다. 카레 다르의 정면 비례는 맞은편에서 오른쪽으로 90도 돌아앉은 메종 카레의 측면 비율에서 따왔다. 고대 로마 도시의 중심부에 세워진, 유리로 마감한 뮤지엄 카레 다르는 언

카레 다르.

뜻 지역성과는 무관해 보이지만 사실상 도시 맥락을 따른 산물이었고, 그것이 현상설계에서 당선된 이유였다.

이처럼 들어설 장소의 주변에 대한 배려는 비단 뮤지엄이 아니더라도 건축물로서 당연한 일이다. 경복궁 내에 위치한 국립민속박물관에서 2009년에 열린 '옛 국군기무사령부 본관의 국립현대미술관 활용에 관한 타당성 및 방향성 심포지엄'에서는 바로 경복궁 건너편이라는 위치에도 불구하고 미술관의 존재를 형태적으로 부각시키고 싶어 하는 의견들이 있었다. 주변 대상을 고려하지 않고 자신만을 드러내고 싶었던 것이다. 이때 사례로 프랭크 게리의 뮤지엄들도 거론됐지만, 게리의 뮤지엄들은 주변과의 조화를 해치지 않을 만한 곳에 세워진 것이었음을 기억해야 한다. 시리아니의 제일차세계대전 역사관이 프랑스 역사에 중요한 성을 마음대로 점용해 사용할 수 있었지만(실제 설계공모전 당시에 출품됐던 다른 계획안들을 보면 성을 심각하게 훼손시킨 경우가 대부분이었다) 성의 변형을 최소화하고 성 뒤편에 건물을 놓아 옛것과 새것을 모두 살린 것처럼, 자신의 품위와 정체성을 지키면서도 이웃을 존중하는 윈윈 전략은 건축의 기본 상식이다.

이번에는 주변 환경에서 전체적 상징성을 취한 예로 앙리 시리아니의 두 뮤지엄을 보자. 아를 고대사박물관에서 상징성을 염두에 두었다는 사실은 뮤지엄 구상을 위한 건축가의 첫 스케치에 평면으로 그린 삼각형이 등장하는 것에서 알 수 있다. 형태 위주의 건축을 혐오하는 시리아니의 평소 작업 성향으로 보아 정삼각형 평면을 먼저 정한 것은 매우 이례적인데, 여기에는 이유가 있었다. 아를은 로마 군대가 유럽 대륙을 정복하러 나섰다가 너무나 아름다운 빛과 경치로 인해 한동안 북진을 멈추고 도시를 건설했던 곳이다. 지금도 당시 지어진 원형경기장, 극장, 공동묘지, 전차경기장 등이 남아 있으며, 원형경기장은 고대 로마가 유럽과 북아프리카에 남긴 여러 원형경기장들 중 가장 보존상태가 좋다. 이 고대 로마의 건축물을 둘러싸고 있는 구도심의 다른 지역에도 이곳의 빛에 취한 화가 반 고흐Vincent van Gogh가 살았던 중세의 집과 골목들이 그대로 보존돼 있다. 유네스코 세계문

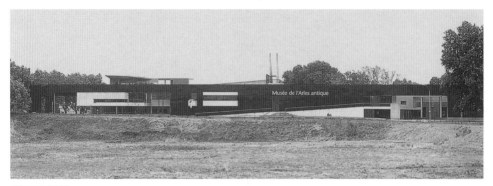
아를 고대사박물관.

화유산으로 지정된, 구도심 전체가 박물관이라 할 수 있는 아를에 고대사박물관을 신축해야 하는 골수 모더니스트의 고뇌가 여기에서 비롯된다.

시리아니는 포스트모더니즘이 횡행하던 1983년, 원형과 사각형과 직사각형이 주류를 이루는 고대 로마 건축의 기하학적 단순성을 직시하면서 현대성modernity과의 교류를 모색했다. 그 결과 현대 건물로서의 신분을 잃지 않으면서 고대 로마와 구별되는 현대적 단순성으로 로마 건축에는 없는, 가장 단순하고 기하학적인 정삼각형을 선택했다. 또 로마 건축의 장식성은 피하고 기념비성과 장중함을 재해석했다. 론 강, 수로水路, 고대 로마 전차경기장 유적으로 경계를 이루는 삼각형의 대지와, 과학구역, 문화구역, 상설전시구역 등 세 구역으로 대별되는 프로그램에 대응하면서 그 장소에 가장 적합한 현대성을 찾은 것이다.[29]

아를 고대사박물관에서 제일 먼저 눈에 띄는 것은 삼각형 건물의 외장 재료로, 콘크리트 벽에 붙인 유리의 안쪽 면을 파랗게 채색한 에말리 블루emalit bleu다. 유구한 역사를 거치면서 인접한 론 강의 흐름도 바뀌었지만 변치 않고 아를을 지켜 온 하늘의 색을 입힌 것이다. 또한 광택 나는 유리는 로마의 기념물들에 시각적 풍부함을 가져다준 재료인 대리석에 해당하는 현대적 재료라 할 수 있다. 지금은 모두

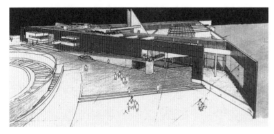
시리아니가 그린 삼각형의 아를 고대사박물관 투시도.

벗겨졌지만 고대의 대리석 벽에는 여러 가지 색들이 채색되어 있었다. 오늘날의 유리가 과거의 대리석 역할을 대신하는 것이다.

시리아니는 제일차세계대전 역사관에서는 백색 콘크리트를 사용해 폭격으

로 파헤쳐진 피카르디 지방의 백토를 상징했다. 두 달 동안 불과 십여 킬로미터의 땅을 차지하기 위해 백만 명 이상의 사상자를 낸 참호전투의 처절함과 제일차세계대전의 참화를 이 지역의 땅 색깔로 드러낸 것이다. 중세의 적벽돌 성벽을 배경으로 역사관의 백색 콘크리트 볼륨이 필로티를 이용해 호수 위에 얹혀 있다. 빛과 동선이 일체화된 내부와 함께 외부의 긴 수평성은 이 건물이 전쟁의 참화를 드러내지 않는 '평화의 작품'이 돼야 한다는 설계지침서의 요구를 반영한다. 호수 위에서 필로티 위에 얹힌 채 돌아가는 곡벽은 전쟁의 가속을 상징하는 한편, 그로 인한 수평선은 고요함을 의미한다.[30]

백색 콘크리트의 표면에 박힌 대리석 실린더들은 인근에 산재한 군인 묘지의 무수한 백색 십자가를 떠올리게 한다. 실린더의 그림자는 백색 콘크리트를 더욱 밝게 하고, 계절과 시간에 따라 그 길이가 변하며, 전쟁에서 희생된 개인을, 해시계와 불변성을 상징하면서 호수 위에 얹힌 제3전시실의 긴 곡벽이 주는 부담감을 줄여 준다.

시리아니의 두 뮤지엄은 시각적 주의를 끌기 위해 장식적 상징을 부여하거나 기능에 좋지 않은 영향을 주면서까지 상징성을 드러내는 것을 피했다. 그에게 상징이란 최선의 기능이 보장되는 형태를 확보한 후에 의미를 고양시키는 부가물이었다.

그렇다면 우리나라의 뮤지엄들은 어떨까. 뮤지엄 건물이 반드시 어떤 상징을 드러내야 하는 것은 아니지만, 한국의 뮤지엄들은 대부분 점잖다. 그렇다고 진정한

제일차세계대전 역사관의 남측 파사드.

미니멀 뮤지엄 수준에 이른 경우도 찾아보기 힘들다. 미니멀 뮤지엄은 건축가의 예민한 감성과 뛰어난 디테일 능력, 건축주의 전폭적인 수용에 더해 충분한 예산까지 뒷받침돼야 가능하기 때문이다. 눈에 확 띄는 상징성을 내세우는 뮤지엄도 마찬가지로 찾아보기 힘든데, 이는 우리 건축계의 분위기 때문이기도 하다. 캘리포니아 항공우주박물관 정면에 전투기를 매다는 식의 발상은 우리 정서상 유치하다고 비웃음을 당하기 십상이다. 형태의 특이함에 탐닉하는 한국 건축가도 드물며, 그들에 의해 성취된 뮤지엄도 없다. 건축적인 자유분방함과 색다른 발상은 아직 우리에게 쉽게 받아들여지지 못하는 것 같다.

그런 면에서 동대문운동장 자리에 들어선 동대문디자인플라자DDP: Dongdaemoon Design Plaza, Zaha Hadid, 2007-2013는 삼차원 비정형 건물로는 세계 최대 규모로, 국제지명초청 현상설계 시점부터 적잖은 논란을 불러일으켰다. 건축가 하디드는 디디피DDP가 새벽부터 밤까지 쉴 새 없이 변화하고 움직이는 동대문의 역동성을 상징한

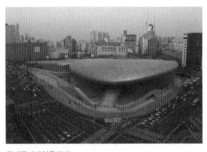
동대문디자인플라자.

다고 주장했다. 주변 거리에서 받은 영감으로 액체의 흐름을 연상시키는 '환유의 풍경metonymic land-scape'을 개념으로 내세웠고, 공간적 유연성은 물론이고 한국적 전통과 끊임없이 변모하는 디자인의 미래를 담고자 했다는 것이다. 그러나 "건축은 생각할 수 없는 것들을 생각할 수 있도록 해야 한다"는 건축가의 의도는 과연 그곳에 그렇게 많은 세금을 쏟아부어 그런 건물을 짓는 것이 타당한가 하는

의견과 맞부딪혔다. 우리나라 보물 1호인 흥인지문興仁之門과 이웃하고 있고 적잖은 유적이 발굴된 곳이지만, 처음부터 그 지역의 역사에는 관심이 없다고 말하는 건축가는 지역성을 고려하지 않고 어디에 지어도 상관없을 계획안을 그럴싸한 말로 포장했다는 의심을 받기 쉽다. 건축가의 평소 작품 성향으로 봤을 때 동대문 지역의 역동성은 핑계거리고 그냥 자신이 하고 싶은 건축을 한 것이 아닌가 하는 의구심이 드는 것이다.

건축적으로 아무리 뛰어나다고 하더라도 지역의 문화적 역사적 환경적 맥락과 동떨어져서는 동의를 구하기 어렵다. '디자인 서울'을 내세우며 투자를 아끼지 않던 때가 아니었다면 실현되기 어려웠을 이 '별에서 온 우주선'이 대한민국 수도의 역사적 장소에서 제자리를 찾으려면 그 자체가 역사가 될 때까지 시간이 필요

건물 뒤쪽 공원에서 바라본 시애틀 음악박물관.

할 것이다. 그때까지는 생소함과 이채로움으로 사람들을 불러 모으며 생명력을 유지해야 한다. 비록 규모는 더 작지만 보기에 따라 외계인의 우주선이나 녹색의 괴생명체가 고풍스런 도시의 바로크식 건물 지붕을 덮친 듯한 모습의 쿤스트하우스 그라츠Kunsthaus Graz, Peter Cook, Graz(그라츠가 2003년의 유럽 문화수도로 지정된 데 맞춰 준공됐다)나 미국 대중음악의 역사와 전통을 경험할 수 있는 시애틀 음악박물관EMP: Experience Music Project, F. O. Gehry, Seattle, 1995-2000 같은 건물을 경험해 보지 못한 대부분의 방문객에게는 형태가 중시된 디디피가 나름 호소력이 있을 것이기 때문이다.

이엠피EMP는 디디피보다 더 별스럽지만 건축비평가들의 평가는 우호적이다. 이엠피는 최소한의 정형적 절제도 생략하며 형상, 재료, 색채에서 극단적 다양성을 드러냈다. 건물의 용도가 허락한 자유를 만끽하면서 다섯 가지 색을 입은 여섯 덩

쿤스트하우스 그라츠.

이의 곡면 알루미늄 판과 스테인리스 강판이 하나의 건물을 덮고 있다. 이 분열된 듯 물결치는 형태는 이엠피가 기리는 천재 기타 연주자 지미 헨드릭스Jimi Hendrix가 사용한 명품 전기기타인 펜더 스트레토캐스터Fender Stratocaster가 산산조각 난 이미지에서 영감을 받았다.[31] 미국 대중음악의 역사와 전통을 느끼고,

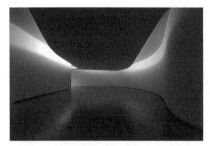
미메시스 아트 뮤지엄의 내부 전시공간.

음악을 만드는 과정에 참여해 보고, 위대한 음악을 경험하며 작곡과 연주의 비밀을 배울 수 있는 공간인 이엠피는 전시, 기술, 미디어와 전수傳受 활동이 활기차게 뒤섞여 꿈틀댄다. 전시와 공공 프로그램은 각 부분이 형태와 전체의 특징에서 결정적인, 삼차원의 떠 있는 퍼즐로 구상됐다.[32] 미국 대중음악에 헌정된 목적도 그렇지만, 1962년 시애틀에서 개최된 월드 페어를 위해 조성된 시애틀 센터의 공원과 주변이 덜 개발된 대로로 둘러싸여 있었기에 건축가는 뮤지엄을 포함한 다른 이형적인 건물들에 존재하는 최소한의 정형적인 요소들마저 생략하게 된 것이다.

하디드Z. Hadid도 리베스킨트Daniel Libeskind, 1946- 나 칼라트라바Santiago Calatrava, 1951- 처럼 구조미 자체를 한껏 드러내는 건축가이긴 하지만, 디디피나 이엠피, 쿤스트하우스 그라츠 같은 경우는 몬타네르J. M. Montaner의 현대 뮤지엄 분류에 나오는 '특별한 유기체로서의 뮤지엄' 개념에 더 가깝다고 볼 수 있다. 뮤지엄이 독자적 유기체로, 특별한 현상으로, 예외적인 발생으로, 반복될 수 없는 경우로 기능하기를 바라는 것이다. 그 결과 건축된 뮤지엄은 잘 정착된 도시문맥 안에서 충격효과를 주며, 주변과는 근본적으로 다른 모습의 유일무이한 오브제가 되는 것이다. 그런 건축가에게 주변 맥락을 존중해 주길 기대하는 것은 애당초 무리다.[33] 이런 관점에서 알바로 시자Alvaro Siza, 1933- 가 파주에 설계한 미메시스 아트 뮤지엄Mimesis Art Museum, 2007-2009은 조금 특별하다. 고국 포르투갈의 전통과 현대건축을 잘 조화시키며 맥락에 어울리는 작품을 하는 건축가로 정평이 나 있는 시자는 평소 외형적

용산 전쟁기념관.

탄허기념박물관의 대강당 보광명전.(위)
서울대미술관.(아래)

화려함보다는 사용자를 배려한 기능성을 추구한다. 그런 그가 이 뮤지엄에서 다양한 곡면으로 이뤄진 백색의 전시공간을 제시했다. 맞은편에 있는 다소 어둡고 반복적인 건물과 달리 방문객을 안아 들이는 곡면은 눈길을 확 끌며 호기심을 유발할 뿐만 아니라 그대로 전시공간에 반영됐다. 전시공간은 인공광이 가급적 배제된 채 유입된 자연광에 의해 은은하고 차분한 분위기를 띠고,[34] 이 빛을 받는 곡벽은 시시각각 변하는 빛의 향연을 연출한다.

건축가 이성관李星觀, 1948- 이 설계한 용산 전쟁기념관1990-1994과 탄허기념박물관2008-2010은 상징성을 고취하는 방법에서 확연한 차이를 보인다. 전자는 좌우대칭인 정면 양 끝에 참전용사의 명단을 새겨 기념한 긴 회랑을 두는 등 프로그램을 의식해 석재 외피를 입은 네오르네상스풍의 건물이 제시됐다. 반면에 후자는 불교의 고승高僧을 기리는 건물이지만 현대적인 요소를 보이며, 순로 곳곳에 건물의 목적을 알리는 상징물이 오브제로, 장소로 순차적으로 나타난다.[35] 전자의 고전적 제안이 시대정신에 맞는가 하는 의혹을 불러일으켰다면, 후자는 전통 사찰의 건축공간을 현대건축으로 재해석하며 불교적인 상징이 곳곳에 녹아들게 했다. 수평적으로 연계되는 전통 사찰의 내외부 공간들을 입체화하여 단일 건물 속에서 복합적 프로그램을 수용했다. 전통양식과 공간의 직설적인 재현보다, 현대건축의 틀 안에서 은유와 상징을 통한 전통건축의 체험을 기대한 것이다.[36]

디디피보다 앞서 독특한 모습으로 지어진 서울대미술관Rem Koolhaas, 2003-2005은 대학 정문 옆에서 허공에 떠 있는 듯한 반투명 유리 상자로 눈길을 끈다. 대지의 경사를 따라 장방형의 볼륨 하부를 파낸 이례적 제안은, 뭔가를 상징한다기보다는 측면에서 경사지게 파인 부분 아래의 외부계단을 통해 미술관 외부의 앞뒤 공간을 연계시키면서 주 입구의 위치를 부각시키기 위해 건물을 들어 올렸다. 콜하스의 작품들이 보여 주는 이런 유별난 착상은 건물 전체에서 새로운 체계를 만들고 불규칙을 모아 전체에 통합시키는 그의 능력으로 인해 구체화된다. 예컨대 정사각형 평면의 단정한 볼륨을 갖춘 로테르담의 쿤스탈Kunsthal, Rotterdam, 1987-1992이

시애틀 중앙도서관.

나 주변의 고층 건물들에 대응해 수평에 가까운 사선으로 여기저기 유리 볼륨이 삐져나오는 시애틀 중앙도서관Seattle Central Library, Seattle, 2004처럼, 뫼비우스의 띠같이 내부에서 연속되는 지극히 유연한 공간 흐름을 이 미술관에서도 볼 수 있다. 서울대 미술관의 형태도 대지조건을 반영한 동선의 시각화라고 봐도 무방하다. 반투명의 U글라스 외피 속에서 드러나는 철골 트러스는 건물 내부에 기둥이 없는 공간을 가능하게 한다. 반투명한 외피로 둘러싸인 전시공간은 추상적인 외부 형태에 어울리게 미니멀하다.

뮤지엄 건축에서 상징을 고려하는 방안은 뮤지엄 건축을 흥미롭게 바라보게 하는 첫 관문이다. 뮤지엄이 주변이나 전시물에서 어떤 상징의 근거를 가져오고, 그것을 어떻게 표현하는지를 읽으면서, 건축의 내면에 깔린 의도와 정신성을 함께 호흡해 보는 것이다. 이러한 의도의 지각은 방문객을 감동시키는 중요 요인이며, 잘 계획된 뮤지엄은 보는 눈을 가진 이들을 실망시키지 않는다.

공간적 초점으로서의 입구홀
시대에 따른 변화와 유형별 특성

뮤지엄으로 들어서는 방문객들을 처음 맞는 내부 공간은 입구홀이다. 어느 건물이나 방문객을 맞아들이고 건물에 대한 정보를 전달하며 건물 내 여러 목적지로 동선을 분배하는 크고 작은 입구홀이 있다. 그러나 뮤지엄의 입구홀은 좀 더 각별한 존재 의미와 역할을 지닌다. 이 책에서 거론되는 뮤지엄 입구홀의 기능적 공간적 상징적 역할에 대한 관점과 인식은 나의 건축 스승인 앙리 시리아니 덕분이다.

내부 이미지를 결정하는 '전형적 공간'

시리아니는 뮤지엄을 처음 설계할 기회가 생기자 먼저 뮤지엄의 역사부터 되돌아봤다. 그러면서 과거와 같이 궁전 같은 건물들을 개조해 뮤지엄으로 사용하는 경우, 복잡한 구조를 지닌 현대 뮤지엄에서 요구되는 동선의 적절한 분배에 어려움이 많음을 간파했다. 한 개인의 영광을 과시하기 위한 과거의 입구홀은 오늘날 문화의 민주화를 상징하는 현대 뮤지엄의 입구홀로는 적합하지 않았다. 그는 입구홀을 현대 뮤지엄에서 완전히 새로운 시각으로 다뤄야 할 대상으로 보고, 뮤지엄의 설계에서 자신의 첫 관심이 '입구를 놓치지 않는' 것에 있다고 피력했다.[37]

입구홀은 방문객들이 뮤지엄에 들어서면서 처음 경험하는 곳이므로 뮤지엄의 내부 이미지를 결정하다시피 한다. 그래서 시리아니는 현대 뮤지엄의 입구홀이 뮤지엄의 '공간적 초점foyer spatial'이라고 말한다. '공간적 초점'은 시리아니가 만든 용어로, 사람들이 건물을 이해하게 되는 장소를 말한다. 대개의 경우 한 건물에 하나 있는, 건축적 산책을 통해 일체성이 유지되는 '기억할 만한 이미지들의 집중'을 만들 수 있는 곳이다. 시리아니에 의하면, 현대 뮤지엄의 입구홀은 프로젝트 전체를 이해할 수 있는 특별한 장소이자 기억할 만한 이미지를 수확하는 출발점으로, 충분히 넓어야 한다. 전시물이 주인공인 까닭에 건축적 표현이 자제되어야 하는 전시공간과 달리, 이곳에서는 건축가가 공간 구축 능력을 마음껏 발휘하여 뮤지엄의 이미지를 드러낼 수 있다. 시리아니는 입구홀에 대한 이러한 착상을 1930년대 뉴욕 호텔들의 넓은 로비에서 얻었다.[38] 그는 뉴욕 현대미술관Museum of Modern Art, Ph. L. Goodwin & E. D. Stone, New York, 1939을 미국 건축이 유일하게 발명한, 뉴욕 호텔의 로비가 주는 교훈을 따라 건설된 독특한 예로 본다. 초기 근대적 뮤지엄에 속하는 이 미술관은 뮤지엄을 계획하는 건축가들에게 오랜 기간 참조의 대상이 되었다.

시리아니는 뮤지엄 유형에서 유일한 '전형적 공간l'espace typique'은 전시공간이 아니라 입구홀이라고 생각한다. 대규모 건물에서 전형적 공간은 그 프로그램에서 가장 특수한 부분이자 공간의 핵核이라고 본다. 오페라 극장이라면 그 목적과 기능이 그대로 표출되는 무대와 관람공간이 전형적 공간이며, 기타 부속공간들은 전형적 공간을 보조한다. 그렇다면 뮤지엄에서는 다른 유형에는 없는 전시공간이 전형적 공간이 되어야 할 것 같다. 그러나 시리아니는 뮤지엄의 전시공간을 중성적이고 평범한 보조 장소를 의미하는 '비전형적 공간l'espace atypique'이라고 말한다. 물론 전시공간이 뮤지엄에서 가장 비중있고 구별되는 장소지만, 그곳은 전시품이 주인이 되는 곳이므로 건축이 나서서 작품 감상을 방해해서는 안 된다는 것이다. 그는 전시공간에서는 건축가의 조형적 표현 욕구가 절제되어야 한다고 본다. 그래서 자신의 뮤지엄 작품에서 건축이 '나서지 않으나 존재하는' 수준 높은 전시공간을 만들기에 고심했다. 학교 건축에서도 제일 중요한 것은 교실이지만 교실은 비전형적 공간이고 강당이나 체육관 등이 전형적 공간이 된다. 이렇게 볼 때 뮤지엄에서 전형적 공간이 될 수 있는 곳은 건축적 표현이 자유롭게 구사될 수 있는 입구홀이다.[39]

시리아니는 또한 외부에서 뮤지엄의 주 출입구를 눈에 잘 띄게 하여 방문객들이 망설임 없이 안으로 들어올 수 있게 하는 흡인력을 중시했다. 이 책에서, 잘 쓰지 않는 입구홀hall d'entrée이라는 용어를 그대로 사용하는 이유가 여기에 있다. 시리아니는 이 용어를 쓸 때 홀 내부의 공간성을 중시하면서도 외부에서의 주 입구 인식 문제를 동시에 감안한다. 내부의 결과인 외부, 외부의 열매인 내부라는 관점을 견지함으로써 공공건물인 뮤지엄의 주 입구 위치를 쉽게 알리고, 내부로 들어서서는 공간적 초점으로서의 역할을 동시에 기대한다.

이렇게 현대 뮤지엄의 입구홀은 그 개념에서부터 실제 공간적 성취까지 시대적 변화를 잘 드러낸다. 입구홀은 뮤지엄 역사에서 비롯된 시대적 필요성과 역할의 증대, 뮤지엄과 건축가의 특수한 관계에 기인하여 새로운 위상을 확립하게 되었다. 앞서 언급된 것을 다시 한번 정리해 보면 첫째, 1920년대에 이르기까지 다른 건축 유형에서 양식을 차용해 온 뮤지엄 건축은 개인의 영광을 상징하는 궁궐이나 대저택의 현관과 유사한 입구홀을 고수했다. 그러나 이는 문화의 민주화를 상징하는 현대 뮤지엄의 입구홀로 적합하지 않으므로 결국 변화의 요구에 직면하게 됐다. 둘째, 초기 뮤지엄의 입구홀은 입구에서의 안내와 체크 포인트의 기능 및 전시의 보조적 역할만을 수행했으나, 현재는 출입, 안내, 휴식, 교육, 판매, 전시 내용의 암시 등으로 역할이 확대됨에 따라 이에 걸맞은 공간 개념의 정립이 요구됐다. 셋째, 전시공간은 뮤지엄에서 가장 중요한 공간이지만 전시물이 주인공인 장소다. 입구홀은 방문객들이 뮤지엄에 들어서며 가장 먼저 경험하는 장소로, 뮤지엄의 이미지를 받아들이고 전체 상황을 파악하게 된다. 또한 건축가가 자신의 건축 개념을 표현하기에 알맞은 곳이자 건축적 감동을 주는 공간적 시도도 행해질 수 있으므로, 입구홀의 공간적 가능성은 더욱 커졌다.

그러나 현대 뮤지엄의 입구홀이 점점 커져 가는 역할을 감당하기 위해 충분히 넓은 면적을 확보하기란 현실적으로 쉽지 않다. 투자비용 측면에서도 그렇지만 다른 공간들과의 균형도 고려해야 하기 때문이다. 현대 뮤지엄들은 이 문제를 동선 구성과 자연광 유입 등 여러 목적으로 도입되는 내부중정이나 외부중정, 대공간 또는 외부 자연 같은 또 다른 공적인 공간을 입구홀과 접목시켜 해결하곤 한다. 프랑스에서는 건물 사이의 큰 공간을 유리로 덮는 미국식 아트리움atrium 대신 비록 상부가 유리로 덮였더라도 건물과 건물 사이의 공간을 건축적으로 충실히 처리했을 때 내부(화된, 또는 내부에 있는)중정cour intérieure이라는 용어를 쓴다. 내부중정과 대공간은 둘 다 내부에 있지만, 모두 다른 방들에 둘러싸였을 때에는 내부중정이라 하고, 적어도 한 면 이상이 그 너머에 다른 내부공간이 없는 외벽에 둘러싸였을 때에는 대공간이라고 말한다. 내부중정은 외부에서 봤을 때 있는지 없는지 알 수 없지만, 한 면 이상이 (유리피막을 포함한) 외벽인 대공간은 그 존재가 외부에서 인지되는 경우가 많다.

먼저 근대건축을 대표하는 거장들로 뮤지엄 건축의 시대적 발전에도 기여한 르코르뷔지에와 프랭크 로이드 라이트Frank Lloyd Wright, 1867-1959 및 미스 반 데어 로에

Mies van der Rohe, 1886-1969가 설계한 미술관들을 통해 현대 뮤지엄 입구홀의 역사적 전례를 찾아보고자 한다.

근대 뮤지엄 입구홀의 구성

먼저 르 코르뷔지에가 계획한 도쿄 국립서양미술관National Museum of Western Art, Tokyo, 1956-1959의 진입공간과 내부중정에 해당하는 중심공간 사이의 이분법적 구성을 보자. 세계박물관 계획안le Mundaneum, 1928에서부터 20세기 미술관 계획안Musée du XXe siècle, 1965까지 수십 년 동안 뮤지엄의 새로운 전형을 연구했던 르 코르뷔지에는 새로운 개념의 입구홀을 제안했다.

그의 첫 뮤지엄이었던 세계박물관 계획안은 속이 빈 거대한 지구라트Ziggurat **40** 형식을 빌린 것이었다. 여기에서 전시실은 입구홀을 지나면 곧바로 눈앞에 펼쳐지는, 강력한 중심성을 가진 중앙공간을 둘러싼 경사로에 위치해 있다. 이 방식은 田자형으로 전시갤러리를 구성하고 중심에 로톤다rotunda **41**를 두어 각 전시공간을 연결하는 중심공간으로 삼은 뒤랑의 합리주의 뮤지엄 유형에서 싱켈K. F. Schinkel, 1781-1841의 베를린 구舊박물관Altes Museum, Berlin, 1823-1830을 거치며 중앙공간을 더욱 강조한 삼차원 공간으로 확대시킨 것이다.

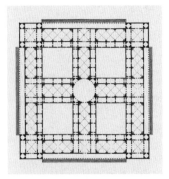

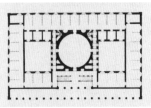

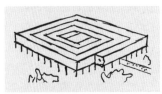

뒤랑의 합리적인 미술관 계획안 평면도.(위)
싱켈의 베를린 구(舊)박물관 평면도.(가운데)
르 코르뷔지에의 무한성징박물관 개념도.(아래)

르 코르뷔지에는 1939년에 발표한 무한성장박물관 개념에서 두 층 높이의 중심공간 주변에 필로티 위에 얹힌 전시공간을 덧붙여 나가는 방안을 제안했다. 이 개념이 이십 년 후 마침내 실현된 도쿄 국립서양미술관에서는 입구홀과 전체 계획안의 중심에 위치한 19세기홀이 함께 환대공간을 형성한다. 1층 높이인 입구홀은 출입 통제, 안내, 휴게, 서비스, 교육, 전시공간으로의 동선 분배를 담당하고, 내부중정에 해당하는 복층 높이의 19세기홀은 세계박물관의 중앙공간처럼 공간을 전체적으로 통합하며 연속된 공간체험이 가능하도록 한다. 19세기홀에도 전시물이 있지만 이 홀의 공간적 지원이 있기에 현재 입구홀의 위치와 넓이로도 그

도쿄 국립서양미술관 19세기홀.

뉴욕 구겐하임 미술관의 중심공간.

기능을 감당할 수 있다. 입구홀이 필로티 아래에 있어 상대적으로 천장이 낮고 어둡긴 하지만, 그러한 아쉬움도 곧바로 들어가는, 높고 밝은 19세기홀에서 해소된다.

다음은 뉴욕 구겐하임 미술관Guggenheim Museum, F. L. Wright, New York, 1943-1959의 전체 공간을 통합하는 입구홀을 보자. 라이트F. L. Wright가 설계한 이 미술관의 입구홀과 강한 구심성을 가진 중앙공간과의 관계는 르 코르뷔지에의 세계박물관 계획안을 연상시킨다. 뮤지엄 계획의 기본 목적은 경사로에서 이뤄지는 전시공간의 확보지만, 뉴욕 구겐하임 미술관에서는 강한 조형성을 드러내는 나선형 경사로로 구축된, 전시공간 못지않게 커다란 중심공간이 주요 결과물임을 부인할 수 없다. 세계박물관 계획안처럼 입구홀과 직결되고 전시공간으로 둘러싸인 이 중앙공간은 미술관 곳곳으로의 동선 배분과 미술관 전체의 공간구성을 파악하도록 하며 건축적 감동을 주는 공간적 시도도 하는 등 현대 뮤지엄에서의 입구홀 기능을 함께 수행한다. 이곳을 통해 전시의 시작점부터 종점까지 전체 전시공간을 한눈에 볼 수 있는 공간 통합력, 길이 430미터의 나선형 경사로로 가시화된 동선의 완벽한 연속성과 거침없는 시선의 상호교류라는 건축적 꿈이 마침내 실현됐다. 사각형 형태로 동선에서 꺾임이 있고 지구라트형 경사로를 지탱하기 위해 다수의 키 큰 기둥들이 필요했던 세계박물관 계획안보다 진화했다. 상부 천창에서 풍부하게 유입되는 자연광은 유기적 건축의 대명사인 미술관의 중심부를 빛으로 채워 환대공간으로서의 성격을 분명히 한다.

이와 같이 방문객이 내부에 들어서며 누리게 되는 공간적 충만감은 전시 감상에 대한 기대감을 한층 드높인다. 도쿄 국립서양미술관과 뉴욕 구겐하임 미술관의 중앙공간처럼 뮤지엄이라는 목적에 걸맞게 때에 따라 규모가 큰 작품을 위한 전시공간으로 활용되면서 적절히 적용된 넓고 높은 공간은, 결코 낭비가 아님을 실증한다.

세번째로 미스 반 데어 로에가 설계한 신新국립미술관Neue Nationalgalerie, Berlin, 1965-1968의 '보편적 공간Universal Space'으로서의 입구홀을 보자.

베를린 신국립미술관.

베를린 신국립미술관의 기획전시공간.

여기에서는, 건축의 미는 기능을 초월한 것으로 건축은 내구적인 반면 기능은 변할 수 있으므로 결국 아무 기능이 없는 건축이 가장 기능적이라는 '보편적 공간' 개념이 전시공간뿐만 아니라 입구홀에도 적용됐다.[42]

기단 위에 올라가 있는 이 미술관에서는 기획전시용으로 사용되는, 네 면이 전창숲窓으로 둘러싸인 하나의 큼직한 공간 전체가 전시공간이자 입구홀의 역할을 한다. 여기서는 전시물의 규모나 종류에 따라서 전시 칸막이를 가변적으로 설치하는 등 융통성을 가장 우선시하기 때문에 입구홀을 위한 공간을 별도로 구획하지

로테르담 쿤스탈의 입구홀을 겸한 오디토리엄.

않았다. 단지 방문객을 맞는 안내데스크와 아래층의 상설전시공간으로 내려가는 계단 및 엘리베이터가 하나의 무리를 형성하며 그 주변이 입구홀 역할을 하고 있음을 알릴 뿐이다. 이는 르 코르뷔지에나 라이트가 추구했던, 입구홀과 큰 공간과의 연계를 통해 과거 입구홀의 한계를 넘어, 특히 전시공간과 긴밀한 교류를 갖고자 하는 시도를 극단으로 밀고 나간 경우라고 볼 수 있다.

베를린 신국립미술관처럼 독립적인 입구홀 없이 타 용도의 공간과 입구홀이 함께 사용된 다른 예로는 로테르담의 쿤스탈이 있다. 높이 차가 6미터인 앞 도로와 뒤편의 공원을 잇는(앞 도로가 뒤편의 공원보다 6미터 높다), 건물 중심부

로테르담 쿤스탈의 주 입구. 건물의 중심부를 관통하는 외부 경사로 중간에 위치해 있다.

를 관통하는 외부 경사로의 중간 지점에 있는 주 입구로 들어선 방문객은 바닥이 이 경사로와는 반대 방향으로 10도 기울어진 오디토리엄의 경사로 중간 지점에 들어와 있는 자신을 발견하게 된다. 가끔 사용되는 오디토리엄이 입구홀 역할을 하는 것이다. 오디토리엄이 사용될 때를 대비한 제이의 출입구는 평소에는 잠긴 채 전면 도로변으로 나 있는데, 이곳 역시 별도의 입구홀 없이 전시공간으로 곧

바로 들어서게 돼 있다. 바닥이 무대 쪽을 향해 기울어져 내려가므로 층고가 더 높아지는 오디토리엄의 무대 쪽이 첫 전시실로 가는 방향이다. 방문객은 오디토리엄의 무대 쪽으로 발걸음을 옮긴다. 뫼비우스의 띠처럼 휘감기는 동선을 따라 가다 보면 어느새 순로의 종착점인 오디토리엄 뒤편에 이르게 된다. 오디토리엄의 기울어진 바닥판과 수직인 까닭에 앞 무대 쪽으로 10도 기울어진 채 서 있는 콘크리트 사각기둥들로 지지되는 이곳은, 다채색의 의자들과 건물의 내외부에 쓰인 골이 진 반투명 마감재에 내장된 인공조명의 리듬감이 어울려 다른 건물들에서는 경험하기 힘든 공간성 자체가 전시 대상이 됐다.

이렇게 근대건축의 거장들이 제시한 뮤지엄들은 확대된 입구홀의 역할을 충족시키기 위해 이웃 공간과의 적극적인 연계를 도모했다. 그렇다면 그때보다 면적의 경제성이 더욱 중요해진 오늘날에는 이러한 시도들이 현대 뮤지엄의 다기능화된 입구홀에 어떻게 반영됐을까.

현대 뮤지엄 입구홀의 유형별 공간특성

현대 뮤지엄의 입구홀이 다른 공간과 연계되는 방식을 네 가지 유형으로 분류해 보면, 앞서 언급된 내부중정, 외부중정, 대공간 및 외부 자연과 맺는 상관성을 통해 입구홀에 주어진 임무를 해결하는 것을 볼 수 있다.

내부중정과 통합된 입구홀

이 유형은 르 코르뷔지에나 라이트의 미술관처럼 전체 구성상 핵심요소로서 내부중정을 도입한 후 그 공간적 장점을 입구홀의 역할에 통합시킨 방식이다. 유럽 전

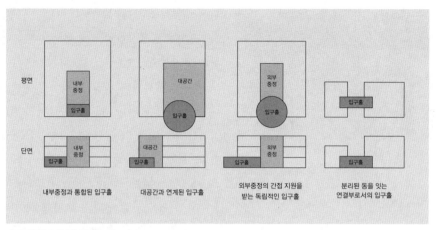

평면	내부 중정 입구홀	대공간 입구홀	외부 중정 입구홀	입구홀
단면	내부 입구홀 중정	대공간 입구홀	외부 입구홀 중정	입구홀
	내부중정과 통합된 입구홀	대공간과 연계된 입구홀	외부중정의 간접 지원을 받는 독립적인 입구홀	분리된 동을 잇는 연결부로서의 입구홀

네 가지 유형의 입구홀 다이어그램.

래의 중정형 주거 전통이나 고전적 뮤지엄의 중심에 위치했던 로톤다 형식이 현대 뮤지엄 건축에 정착돼, 중앙의 큰 공간이 주는 혜택을 주변 공간에서 누리게 하는 것이다. 이러한 방식의 뮤지엄에는 일정한 영역을 확보한 입구홀이 있지만, 방문객이 입구홀에서 내부중정으로의 이동을 의식하지 못할 만큼 두 공간은 긴밀하게 연계돼 있으며, 실제로 입구홀에서 내부중정을 지나가야 전시공간으로 들어갈 수 있도록 계획된다.

입구홀과 내부중정을 통합해 얻을 수 있는 이익은 내부중정의 존재방식과 이유에서 확인할 수 있다. 현대 뮤지엄에서 내부중정이 있는 경우 주변에 정보, 교육, 휴식을 위한 공간이 들어서게 되고, 전시공간도 동일한 층이나 상부 층에서 이곳을 둘러싸게 된다. 또 주변이 다른 공간으로 둘러싸인 내부중정에는 어김없이 천창을 통해 자연광이 들어온다. 건물의 폭이 넓어지면 중심부에 자연광을 들여야하는 문제도 내부중정을 도입하여 해결할 수 있다. 전시공간과 내부중정은 시각적으로 연계된다. 관람객은 전시공간에서 개구부를 통해 이미 지나온 밝은 내부중정을 바라보면서 자신의 위치를 파악할 수 있다. 내부중정 너머로 전시공간을 바라보는 것 역시 공간의 연속성을 중시하는 뮤지엄 건축의 특성에 잘 들어맞는다. 내부중정을 통한 공간 통합력은 중심성을 강조함으로써, 외부로의 조망보다는 안을 바라보게 하여 내부 지향적인 공간이 되게 한다. 이는 여기에 속하는 뮤지엄의 상당수가 도심에 위치한 것과도 무관하지 않다.

앞에서도 거론했지만 카레 다르에서 건축가가 가장 공들인 부분도 중심부를 차

카레 다르 입구홀의 중앙 계단.

지한 내부중정이다. 이 건물에서는 입구홀과 지하 2층까지를 포함한 여섯개 층의 주요 공간을 통합하고 자연광을 깊게 끌어들이는 내부중정이 내부 전체를 총괄한다. 유리를 사용한 건축을 주로 해 온 노먼 포스터는 유리로 마감된 장방형 뮤지엄을 선택하면서 가운데에 내부중정을 우선 배치했다. 여기에 전시실과 도서실 및 부속공간들이 이 내부중정을 둘러싸게끔 배치됐는데, 이는 남부 프랑스 여름의 뜨거운 햇볕과 겨울의 차가운 북풍을 고려한 님Nîmes의 전통 주거건축 양식을 따른 것이었다. 고대 로마의 유적들이 남아 있는 고풍스런 도시 맥락을 중시하면서 내부중정이 우선 고려된 것이다.

카레 다르에서 복층 높이의 입구홀은 소규모 전시나 이벤트를 수용할 수 있을 만큼 넓고 높으며, 도서실이 있는 지하층을 포함한 각 층으로의 동선 분배에도 무리가 없다. 진입 시 눈앞에 펼쳐지는, 위로 올라가는 넓은 계단으로 상승감이 고조되는 밝은 내부중정의 공간 흡인력도 대단하다. 이와 같은 공간 상승감은 방문객으로 하여금 계단 바로 옆에 위치한 엘리베이터를 의식하지 못하고 기꺼이 계단을 밟고 오르게 한다. 내부중정 대부분은 빛을 통과시키는 녹색의 반투명 유리 바닥판이 깔린 계단이 차지하고 있어 빛 유입과 동선 연결, 시선 교류를 목적으로 한 '채워진' 내부공간이라 할 수 있다.

샌프란시스코 근대미술관 내부중정.

샌프란시스코 근대미술관San Francisco Museum of Modern Art, Mario Botta, San Francisco, 1992-1995의 입구홀은 현관 정도의 작은 규모로, 곧바로 큼직한 내부중정이 이어진다. 내부중정이 곧 입구홀이라고 봐도 될 정도다. 건축가 마리오 보타의 "과거의 건축은 항상 세부상황을 통해 전체와 의사소통하는 능력을 지니고 있었다. 아마도 샤르트르 대성당에 들어가면 누구나 공간의 전체 이미지를 금방 인식하게 될 것이다. (…) 전체 건물의 구성과 기하학 양식을 즉시 명백하게 알 수 있을 것이다. (…) 특별히 대중 공간과 오늘날의 뮤지엄같이 다소 거대한 구조를 위해 소중히 해야 할 주요 가치 중의 하나임을 제시해준다"[43]는 언급은 그가 왜 작은 진입부를 지나 곧바로 넓고 높

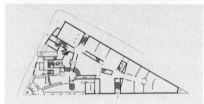

프랑크푸르트 근대미술관(위)과 1층 평면도(아래).

은 공간을 두었는지 그 이유를 설명해 준다. 과거 성당에 들어섰을 때처럼 뮤지엄도 내부로 들어서자마자 전체 공간의 구성과 이미지를 즉시 알아차릴 수 있어야 한다고 본 것이다.

이를 위해 건축가는 중심에 내부중정이 있는 좌우대칭의 고전적인 구성을 택했다. 방문객은 입구에 들어서자마자 닿게 되는, 5층 높이까지 뚫린 채 빛이 쏟아져 들어오는 이곳에서 미술관 전체를 금방 이해하게 된다. 샌프란시스코 도심의 복잡한 외부환경에 대한 조망을 닫고, 대신 내부에서 시각적 개방감을 선사했다. 이 미술관의 내부중정이 입구홀과 통합됐음을 확인시켜 주는 것은 안내데스크의 위치다. 안내데스크가 입구 쪽에 있지 않고 내부중정의 중심부로 물러나 있어 전체 공간을 관장하며 동선의 흐름을 제어하는 것이다. 여기서는 각 부속시설과 전시공간으로 들어가는 입구가 한눈에 읽히고, 전체 공간과 함께 세부상황까지 파악할 수 있다.

대지의 형상 때문에 케이크 한 조각을 떼어낸 모양이 된 프랑크푸르트 근대미술관Modern Art Museum, Hans Hollein, Frankfurt am Main, 1982-1991에 있는 내부중정도 존재 이유와 공간 활용 면에서 앞선 두 사례와 일치한다. 단층 높이인 입구홀로 들어선 방문객은 맞은편에 보이는, 유리 천장 전체를 통해 들어오는 빛의 세례로 밝고 흰 공간의 초청을 받는다. 전시공간으로 이동하기 위해서는 반드시 지나가야 하는 이 삼각형 내부중정은 두 겹의 벽으로 둘러싸여 있어서, 위층에 올라가 전시공간을 거닐 때 두 겹의 벽을 지나는 다리를 건너 마치 발코니에서 내려다보듯 내부중정을 보게 한다. 외부에 대해 거의 닫혀 있는 내부 순로에서 이 내부중정은 낮은 입구홀을 보좌하며 빛의 광장으로, 공간적 숨통으로 작동하면서 연속된 작품 감상으로 인한 방문객의 긴장을 풀어 준다.

대공간과 연계된 입구홀

적어도 한 면 이상이 건물의 외벽을 형성해, 외부와 직접적 교류가 가능한 대공간을 입구홀과 연계시킨 유형이다. 리처드 마이어가 설계한 미술관으로 사분의 일

하이 미술관 1층 평면도.

원형의 대공간 옆에 그랜드피아노 형의 입구홀을 가진 하이 미술관High Museum of Art, Richard Meier, Atlanta, 1980-1983과 원형의 입구홀을 가진 바르셀로나 현대미술관Museum of Contemporary Art, Barcelona, 1987-1996 등이 이 유형에 속한다. 이 미술관들에서 입구홀의 영역은 내부중정과 통합된 입구홀 유형보다 평면과 단면 및 공간상으로 좀 더 뚜렷하며, 형태적으로도 건물의 다른 부분보다 더 눈길을 끈다. 첫번째 유형에서는 내부중정이 다른 공간들로 둘러싸여 겉으로 드러나지 않으므로 입구홀과 시선을 끄는 경쟁을 하지 않는다. 하지만 하이 미술관의 사분의 일 원형 대공간의 원주圓周에 배치된 경사로와 바르셀로나 현대미술관의 주 파사드에 전진 배치된 경사로 등 대공간과 외부를 연계하는 동선 요소들은 충분히 시선을 끈다. 따라서 이에 대응해, 입구홀 자체에 별도의 조형성을 더해 위치를 확실히 드러나게 할 필요가 있다.

이후 뮤지엄과 동선의 관계에서 재론되겠지만, 이 두 미술관에서는 대공간과 외부를 경계 짓는 곳에 경사로가 있어 방문객에게 내외부 공간을 차례로 감상할 수 있는 기회를 제공한다. 이는 내부 지향적인 내부중정형보다 외부와의 접촉을 더 적극적으로 권장함을 의미한다.

바르셀로나 현대미술관의 내부 경사로.

형태와 위치에서 비교적 독립성을 가진 입구홀과 대공간과의 기능적 관계는 공간적 독립성이 약한 입구홀과 내부중정의 그것과 크게 다르지 않다. 입구홀에서는 방문객을 받아들이고 대공간은 동선을 분배하면서 전체 공간을 통합하는 이원화된 구성을 취하는 것이다. 하이 미술관의 경우, 마이어는 전시실과 함께 공연장, 작업실, 교육실 등으로 구성된 이 미술관이 사람들이 모이는 장소로서 도시의 문화적 중심이 되기를 원했고, 대공간을 활용해 이러한 이상을 실현시키고자 했다.[44] 바르셀로나 현대미술관의 경우에는 원형의 입구홀이 긴 장방형의 대공간과 연계돼 있다. 수직적으로도 전층 높이인 대공간은 경사로와 전시공간 사이에 위치해 있다. 이 대공간은 마치 세 층으로 구성된 넓은 단일한 전시공간처럼 여겨질 정도여서, 입구홀에서 전시공간까지의 연결이 거의 무의식적으로 이뤄진다.

외부중정의 간접 지원을 받는 독립적인 입구홀

뮤지엄의 중심부에 외부중정을 두어 입구홀이 해결해야 할 여러 가지 기능을 간접적으로 지원하는 뮤지엄도 있다. 이때 외부중정은 뮤지엄의 중심부에 위치한 채 둘러싸이므로 내부중정과 마찬가지로 뮤지엄의 외부에서는 직접 보이지 않는다.

영국박물관의 큰 안뜰.

그렇다고 해서 이 외부중정이 안에서 밖을 내다보기만을 위한 곳은 아니다. 주변에 전시공간을 배치해 동선에 활용하고 자연광 유입을 위한 방편으로 삼는 것 이상으로 입구홀에서 시작된 '건축적 산책'을 더욱 풍부하게 진행시켜 뮤지엄 전체를 이해할 수 있는 핵심요소로 기능한다.

외부중정이 뮤지엄 안쪽에 있는 경우는 많지만, 입구홀에 직접 맞닿아 있는 경우는 흔치 않다. 이는 17세기에 세워진 수도원을 미술관으로 바꾼 리옹 미술관Musée des beax-arts, Ph. Dubois & J.-M. Wilmotte, Lyon, 1990-1998이나 19세기의 신고전주의 건물에 자리잡은 릴 미술관Palais des beaux-arts, Jean-Marc Ibos & Myrto Vitart, Lille, 1990-1997처럼 과거의 건물을 뮤지엄으로 전용한 경우에 자주 볼 수 있다. 건물로 둘러싸인 과거의 중정이 그대로 뮤지엄의 중정이 되는 것이다. 뮌헨 조각미술관Glyptothek München, Leon von Klenze, München, 1816-1830처럼 처음부터 뮤지엄 용도로 지어진 고전적 뮤지엄에도

슈투트가르트 시립미술관 신관에서 경사로를 통해 지붕이 없는 로톤다로 가는 길목.

외부중정이 나온다. 루브르 박물관의 작은 중정이나 영국박물관의 큰 안뜰Great Court, British Museum, Norman Foster, London, 2000처럼 외부중정의 상부를 유리로 덮어 내부로 사용하기도 한다. 루브르 박물관은 이곳을 조각 전시장으로, 영국박물관은 야외 로비'outdoor' lobby로 활용한다. 루브르 박물관의 나폴레옹 뜰을 파고 유리 피라미드를 얹어 풍부한 빛을 누리는 로비를 닮았다.

현대에 건축된 뮤지엄으로는 슈투트가르트 시립미술관 신관이 있다. 나중에 다시 살펴보겠지만, 입구홀에서 보이는 외부중정은 이 미술관에서 가장 심혈을 기울인 곳이다. 주위를 둘러싼 전시공간에서도 보이는 이 중정은 감상 직전의

긴장을 풀어 주거나 외부 산책의 중심장소로도 기능한다. 입구홀에서 고풍스런 분위기를 풍기는 지붕 없는 로톤다인 원형의 외부중정으로 나가는 문은 고대 신전의 입구와 같은 모습이다. 중정을 둘러 서 있는 고대 그리스풍의 조각상들은 이곳이 마치 고대 유적인 듯한 착각에 빠지게 한다. 대지의 뒤쪽에서 앞쪽으로 미술관을 관통하고 있는 외부 경사로가 이 외부중정을 감아 돌고 있다. 이는 근대적 공간 특성을 지닌 입구홀과 고전적 공간 특성을 지닌 전시공간 사이의 매개공간으로서 접근성을 높여, 사람들이 뮤지엄으로 들어오지 않아도 방문해 쉬어 가는 작은 명소가 되게 한다. 다른 용도의 방들로 둘러싸인 외부중정의 존재는 내부에 들어선 방문객에게 닫힌 공간에 들어와 있다는 인상을 주지 않는다.

분리된 동을 잇는 연결부로서의 입구홀

이 유형은 앞에서 언급한 세 유형이 활용한 내외부 중정이나 대공간 등의 인공적 장치를 자연으로 대체한다. 따라서 전원에 위치한 뮤지엄들이 이 유형을 자주 활용한다. 입구홀에 들어서면 맞은편의 창을 통해 아름다운 자연이 처음 눈에 들어온다. 이때 입구홀은 자연을 배경으로 방문객을 받아들이는 환대의 장소이자 전시공간과 서비스공간, 또는 전시공간 사이를 잇는 연결 기능을 한다.

입구홀로 전시공간과 서비스공간이 분리되는 북ㅐㄷ근대미술관Musée d'Art moderne du Nord, R. Simounet, Villeneuve-d'Ascq, 1979-1983은 어느 쪽에 전시공간이 있는지를 안내데스크의 위치로 쉽게 알 수 있다. 전시공간과 서비스공간은 입구 양옆에 별도의 홀을 가지고 있는데, 전시공간의 입구홀 쪽이 더 넓고 개방적이어서 자연스럽게 발길을 끈다. 지베르니 아메리칸 미술관Musée d'Art américain, B. Reichen & P. Robert, Giverny, 1990-1992도 입구에 들어서면 휴식 및 판매장소인 우측 공간과 전시물이 있는 좌측 공

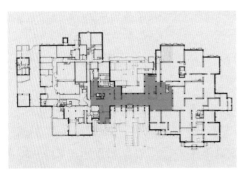

간이 확연히 구분된다. 이때 눈앞에는 떨기나무의 일종인 히스가 심어진 자연 구릉이 펼쳐진다. 가까이 위치한 인상파 화가 모네Claude Monet의 집에 대한 존경의 표시로 미술관은 지상 1층으로 낮게 계획되었으며, 옥상에 히스를 심어 노출을 최대한 자제했다. 여기에는 모네의 집을 찾아오는 관광객들로 인해 몸살을 앓는 지역 주민들에 대한 배려도

빌레뇌브다스크 북근대미술관 1층 평면도. 색칠된 부분이 입구홀이다.

자연과 어우러진 지베르니 아메리칸 미술관.

담겨 있다. 건축주는 잔디가 깔린 친환경 주차장까지 마을에 제공했다.

마그 재단 미술관Fondation Maeght, J. L. Sert, St-Paul-de-Vence, 1964처럼 입구홀 양옆에 전시공간이 있을 때는 동선이 불명확해질 수 있다. 매표소는 건물 밖 정문에 있고 작은 입구홀에는 안내데스크조차 없어 어디로 가야 할지 잠시 망설여진다. 그러나 이러한 의도된 혼란은 오히려 건축가의 숨겨진 의도를 드러낸다. 두 전시공간

이 동등한 가치를 지니고 있기에 어디든 먼저 들어가도 괜찮다는 것이다. 전원에 입지한 미술관을 찾은 방문객은 자유롭게 감상의 행로를 취하게 된다. 또한 한 전시공간에서 다른 전시공간으로 이동할 때 입구홀을 다시 지나야 하는 불편과 오고가는 동선의 충돌을 건축가가 염려하지 않았다는 것도 알 수 있다. 입구홀 뒤편의 정원이 두 전시공간을 오가는 주요 순로로

지베르니 아메리칸 미술관 주 출입구.(위)
마그 재단 미술관 진입부.(아래)

기능하기 때문이다. 마그 재단 미술관에서는 한쪽의 전시공간을 감상한 다음 후정後庭으로 나와 지중해의 온화한 기후 속에서 조각공원을 산책하면서 건너편 전시공간으로 들어간다. 양쪽 날개 모두에 후정을 드나들 수 있는 별도의 문이 있기 때문에 처음 지나왔던 입구홀을 다시 거치지 않아도 된다.

이러한 형식의 입구홀은 앞서 살펴본 세 유형보다

유형	사례 뮤지엄	공간적 특성
내부중정과 통합된 입구홀	· 카레 다르 · 샌프란시스코 근대미술관 · 프랑크푸르트 근대미술관	· 내부중정을 우선 선택한 후에 공간적 장점을 입구홀 역할에 통합함. · 입구홀은 내부중정의 풍부한 자연광과 공간적 질을 누리며 긴밀하게 연계됨. · 입구홀의 기능이 내부중정까지 확장되고 시각적으로도 통합됨. · 공간 통합력은 중심을 강조함. · 주로 도심에 위치한 뮤지엄들로, 내부 중심적 산책을 유도함.
대공간과 연계된 입구홀	· 하이 미술관 · 바르셀로나 현대미술관	· 내부중정과 통합된 입구홀에 비해 입구홀의 독립적 영역을 확보함. · 입구홀이 외부 형태로도 주목을 받음. · 내외부를 차례로 감상할 수 있는 기회를 제공하며 외부로의 건축적 산책을 유도함. · 입구홀과 대공간의 기능적 관계는 내부중정과 통합된 입구홀 유형과 유사함.
외부중정의 간접 지원을 받는 독립적인 입구홀	· 슈투트가르트 시립미술관 신관	· 입구홀과 외부공간이 가까워 감상 전에 긴장을 풀어 줌. · 방문 중에도 외부와 계속해서 시각적 접촉이 이루어짐. · 상대적으로 뮤지엄이 지닌 폐쇄적인 인상을 완화함. · 외부 정원이나 조각 전시공간 등으로 활용할 수 있으며, 때로는 상부를 유리로 덮어 활용도를 높일 수도 있음.
분리된 동을 잇는 연결부로서의 입구홀	· 북근대미술관 · 지베르니 아메리칸 미술관 · 마그 재단 미술관	· 내외부 중정이나 대공간 같은 인공적 장치를 자연으로 대체함. · 전원에 위치한 뮤지엄에 유용함. · 분리된 두 동의 기능을 분할하거나, 입구홀 뒤편의 정원이나 야외전시장을 활용해 가운데 입구홀에서 일어날 수 있는 동선의 충돌을 해소함. · 입구홀에서 외부를 안으로 끌어들이고 기능을 단순화해 입구홀의 규모가 작아도 심리적 개방감을 느낄 수 있음.

표 2. 현대 뮤지엄 입구홀의 유형별 공간 특성.

규모가 작고 단순해도 괜찮다. 내부로 들어설 때 다시 외부가 보이므로(그것도 건물로 둘러싸인 외부중정이 아니라 뒤로 확 열린 외부다) 심리적 개방감이 충분하고, 입구홀의 기능 또한 단순화됐기 때문이다.

지금까지 살펴본 현대 뮤지엄의 입구홀 구성방식과 그 특징을 요약해 보면 〈표 2〉와 같다.

현대 뮤지엄은 입구홀이 내외부 중정이나 대공간 또는 자연과 결합되는 방식에 따라 외부에서의 시각적 차별성 부각 여부, 내부에서의 고유 영역성 확보 정도, 건축적 산책의 구성방식, 역할 분담의 방식과 정도에 차이를 보였다. 뮤지엄의 입구홀이 얼마나 잘 구성되었는지에 따라 전시공간의 공간적 질까지도 짐작할 수 있다. 건축가의 공간구축 능력이 입구홀에서 제대로 발현되지 않았다면 전시공간도 기대하기 어려울 것이다. 물론 이 유형들에 포함되지 않는 입구홀들도 있다.

많은 뮤지엄을 설계했고 한국에서도 서귀포의 본태박물관Bonte Museum, 2011-2012과 원주의 뮤지엄 산Museum SAN, 2006-2013, 구 한솔뮤지엄을 남긴 일본 건축가 안도 다다

히메지 문학관.(위) 물길을 따라 올라가다 보면
입구홀에 이른다.
본태박물관.(아래) 우측 건물에서 표를 구매한 후 다시 나와
불투명성이 강한 건물의 감춰진 입구로 진입한다.

오Tadao Ando, 1941- 는 뮤지엄 설계 경력 초기에 설계
한 뮤지엄들을 통해 독특한 입구홀을 보여 준다. 안
도는 이 시기에 다수의 소규모 뮤지엄들을 설계하
며 뮤지엄 건축에 당연히 적용되는 원칙들에서 벗
어난 뮤지엄들을 생산해냈다.[45] 안도의 초기 뮤지엄
들의 입구홀은 작은 현관으로 여겨질 만큼 독자적
영역성이 약하고 면적도 좁다. 이 뮤지엄들은 다수
의 방문객을 기대하기 힘든 외진 곳에 입지한 까닭
에, 교육, 연구, 판매 기능이 확장된 경향의 다른 현
대 뮤지엄들과 달리 전시 위주로 구성되어 있다. 여
기에 안도 특유의 뮤지엄 건축에 대한 시각이 발현
된 좁은 입구홀은 내외부의 경계점으로만 존재한
다. 긴 벽에 의해 안내받는 경사로를 통해 외부에
서부터 이어진 산책의 흐름을 입구홀에서 오래 지
체시키지 않고 전시공간으로 바로 유도한다. 그러

므로 안내데스크 하나만 덜렁 놓여 있거나 그것조차 없는 좁은 입구홀은 머묾의
공간이 아닌 외부 산책에서 내부 산책으로 바뀌는 전환점이다.

안도는 입구홀이 그렇게 작아도 되는가 하는 의문을 곧장 이어지는 다음 공간
으로 대답한다. 입구홀과 이어지는 전시공간에서 공간적 확장으로 보완하는 것이
다. 높고 긴 벽에 붙어 있는 경사로를 통해 물 위를 걸어온 나리와읍 미술관Nariwa
Municipal Museum, Kawakami, 1991-1993의 좁은 입구홀은 그 너머 아래층의 휴게실과 물
의 정원으로 공간이 확장되면서 숨을 쉬게 한다. 그가 설계한 나오시마 현대미술
관Naoshima Contemporary Art Museum, Naoshima, 1988-1990, 히메지 문학관Museum of Literature,
Himeji, 1988-1989, 나무 박물관Museum of Wood,
Mikata, 1991-1993, 고조 문화관Museum of Gojo Cul-
ture, Gojo, 1991-1993, 사야마이케 박물관Saya-
maike Historical Museum, Osakasayama, 1994-1997, 시
바 료타로 기념관Shiba Ryotaro Memorial Museum,
Higashiosaka, 1998-2001 모두 긴 접근로를 거쳐
이르는 좁은 입구홀 바로 다음에 두 층 높

나리와읍 미술관. 물 위에 놓인 긴 경사로를 따라 올라가야 작은 입구홀에
이른다.

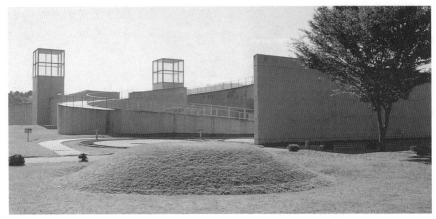

카모토 장식고분박물관. 지하에 묻힌 박물관의 옥상 테라스로 이끌며 상승하던 경사로가 연이어 하강하며 작은 입구홀로 안내한다.

이 이상의 전시공간이 나온다. 장식고분박물관Forest of Tombs Museum, Kamoto, 1989-1992의 경우도 원통의 내벽을 따라 설치된 경사로에서 좁은 입구홀로 들어가게 되는데, 방금 내려온, 원형의 지붕 없는 로톤다 공간이 좌측 전면 유리 너머에 있어 좁게 느껴지지 않는다. 입구홀이 모래시계의 좁은 허리 역할을 하는 것이다.

이후 안도는 다수의 대규모 뮤지엄들을 설계했지만, 그의 독특한 건축철학이 고스란히 적용되어 일관성을 보이는 것은 주로 소규모 뮤지엄들이다. 2012년 서귀포에 개관한 본태박물관에서도 개인집 현관 정도의 입구홀이 있고 곧바로 두 층 높이의 전시공간이 나타난다. 매표소는 맞은편 별동의 뮤지엄숍과 함께 떨어져 있다. 덕분에 열려 있는 외부에서 내부로 들어와 맞는 그리 크지 않은 규모의 전시공간이 좁게 느껴지지 않는다. 히메지 문학관이나 사야마이케 박물관, 시바 료타로 기념관 같은 곳은 무료입장이면서 안내데스크조차 없다. 다수의 현대 뮤지엄들이 넓은 입구홀을 마련해 각 공간으로의 원활한 동선 배분에 신경 쓰는 대신, 이웃한 더 넓은 공간을 활용해 입구홀의 공간적 협소함을 보완했다. 안도는 기하학에 의한 형태 구성을 바탕으로 절제된 도입부와 극적인 공간체험을 중시한 것이다.

전시공간에서의 자연광

자연채광 방식의 선택 범주

뮤지엄에서 가장 중요한 장소인 전시공간에는 감상에 적합한 조명 아래에서 동선을 고려해 배치된 오브제들이 눈길을 기다린다. 자연광이 들어오는 전시공간이라면 어떤 방식으로 빛이 들어오는지를 살펴보는 것도 뮤지엄에서 찾아볼 수 있는 흥미로운 점 중 하나다. 건축은 시간의 흐름이 천천히 투영되는 해시계다. 화가의 붓 터치가 그림의 한 표현방법이 되듯, 건물에 드리워지는 빛과 그림자는 건축의 의미를 드러내는 강력한 수단이 되기도 한다.

한편 전시공간에 유입된 자연광은 조명의 역할만으로 그치지 않는다. 공간과의 관계에서 자연광을 연구해 온 앙리 시리아니는 빛을 네 가지로 분류하면서 전시공간에는 '감동으로서의 빛'이 필요하다고 보았다.[46] 교회나 뮤지엄에서 특히 기대하는 이 빛은 외부를 배제할 때 내부에서 더 잘 연출되므로 외부가 많이 막힐수록 더 잘 드러난다. 이 빛은 드러내고자 하는 건축적 대상에 주의를 모으게 함으로써 스스로 건축적 대상이 된다.

물론 자연광으로만 실내 전시공간을 밝힐 수는 없다. 전시공간에는 일정하고 균질한 조도나 부분적인 강조, 또는 미디어 프로젝팅을 위한 어두운 장소 등 가변적이고 다양한 빛 환경이 필요하다. 따라서 계절과 시간, 날씨에 따라 달라지는 자연광은 인공광의 보조가 필요하다. 빛에 약한 동양화나 서예, 파스텔화를 전시하는 경우처럼 자연광을 전혀 들이지 않는 일부 뮤지엄을 제외하면, 전시공간에서 자연광은 정확한 색상 재현은 물론, 쾌적한 환경을 위해 긴요한 경우가 많다.

빛은 동선과 아울러 뮤지엄 건축이 해결해야 할 중요한 과제다. 시각을 통해 전시품을 감상하는 공간이 뮤지엄이므로 조명은 기본적인 요소이다. 전기를 이용한 인공조명이 없었던 시절에는 자연광이 전시공간을 밝히는 유일한 수단이었다. 이때 자연광을 전시공간으로 유입시키기 위한 채광방식의 선택은 전시공간의 환경

뿐 아니라 뮤지엄 건축의 성격까지도 규정하는 중대 사안이었다.

전기가 발명된 후 광량 조절이 쉽고 전시품 보존에도 유리한 인공조명이 보편화되면서 한동안 전시공간에서의 자연광 사용은 줄어들었다. 그러다 다시 자연조명에 대한 관심이 커졌는데, 그 이유는 전기세를 급등시킨 석유파동 같은 외적인 원인 외에도 질과 양에 있어 다양성을 제공하는 자연광에 대한 인간의 본능적 친근감 때문일 것이다.

그렇다면 뮤지엄의 전시공간에서는 어떤 근거로 자연채광방식을 선택할까. 여기에는 먼저 자연채광방식의 역사적 선례와 그 장단점에 대한 이해가 필요하다. 여기서 더 나아가 건축가로 하여금 관련 지식과 경험을 바탕으로 판단을 내리게 하는 또 다른 동기를 찾아보고자 한다.

채광방식은 때로 구분이 애매하지만, 먼저 분류 기준이 되는 자연채광방식을 측창側窓 채광, 고측창高側窓 채광, 천창天窓 채광으로 나누어 그 의미를 정의하고, 자연광과 관련해 역사적으로 중요한 뮤지엄들을 채광방식별로 살펴보고자 한다. 역사적 선례는 현대 건축가의 선택을 뒷받침해 주고, 사전에 그 효과를 확인시켜 준다.

이어서 건축가들이 뮤지엄 전시공간을 계획하면서 자신의 평소 건축철학을 어떻게 적용하는지, 그리고 각 채광방식이 지닌 장단점은 무엇인지 따져 본다. 각 방식의 단점을 최소화하면서 장점을 최대한 활용하는 방안을 모색하는 것이 채광방식 결정에 적잖은 영향을 미치는 것은 당연하다. 이를 바탕으로 현대 주요 뮤지엄들을 자연채광방식 별로 분류해 그 채택 동기를 살펴보자.

세 가지 유형

채광방식 중 가장 오랜 역사를 지닌 것은 '측창 채광'으로, 이는 창문을 통해 빛을 들이는 방식이다. 초기의 전시공간들은 독립적으로 고안된 뮤지엄 건물이 아니라 다른 용도로 지어진 건물 내의 특정 장소였으므로, 이 방식이 가장 먼저 사용됐다. 창의 세 가지 목적을 채광, 조망, 환기라고 본다면, 과거의 측창 채광은 이 세 가지 활용가치를 모두 누렸다. 음영효과를 위해 빛의 투사각이 0도에서 45도까지가 유리한 조각품 전시공간에서는 여전히 효과적인 방식이다. 회화를 비롯한 빛에 약한 전시물일 경우에는 직사광선 차단과 광막반사를 막기 위해 반투명한 재료를 사용하거나 별도의 빛을 여과하는 막을 설치해야 한다. 눈이 부시지 않는 조명만을 생각한다면 태양광의 1-7퍼센트 정도의 빛으로 충분하다. 한편 별도의 공조시설이 가동되는 오늘날에는 환기 기능은 약화되어 거의 없어지다시피 했다.

'고측창 채광'은 고딕 대성당 측랑側廊의 지붕 위에 높은 창이 달려 있는 고창층高窓層, clerestory에서 비롯됐다. 이 방식은 측창 채광의 일종이지만, 빛을 유입하는 창이 천장에 가까운, 벽의 높은 곳에 위치해 밖이 잘 내다보이지 않는 내부 중심적 환경을 제공한다. 이 방식은 측창 채광의 수평적 빛 유입이나 천창 채광의 수직적 유입과 달리 비스듬하게 들어온다. 그래서인지 불어로는 이 채광방식을 '대각선 채광l'éclairage diagonal' 이라고 부른다.

'천창 채광'은 천장에 달려 있는 수평 투과면을 통해 유입된 빛이 주로 바닥을 조명하는 방식이다. 빛이 벽과 바닥 중 주로 어디를 비추는지에 따라 고측창 채광과 구분했는데, 논란이 될 수 있는 것은 톱날지붕고측창으로 번역되는 'sheds' 가 고측창 채광이냐 천창 채광이냐 하는 점이다. 여기에서는 벽에 하나만 붙여 설치되어 그 벽을 주로 조명할 경우에는 고측창 채광으로, 넓은 전시공간 상부에 여러 개가 연속 설치되어 바닥을 전반적으로 조명할 때에는 천창 채광으로 보았다. 외관상 빛 유입구의 위치를 따르기보다 전시공간 안으로 빛을 어떻게 끌어들이느냐 하는, 내부에서의 관점을 우선한 것이다.

역사적 적용 사례

가장 오래된 측창 채광 방식은 오늘날 미술관에 해당하는 피나코테크Pinakothek [47]나 신전 입구propylées에 그림을 전시했던 고대 그리스 시대(기원전 5세기)까지 거슬러 올라간다. 여기서 남쪽으로 열린 두 개의 창을 통해 빛이 유입됐다. 기원전 1세기에 활동했던 고대 로마 건축가이자 기술자였던 비트루비우스 폴리오Marcus Vitruvius Pollio는 "회화실이나 수예실, 화가의 아틀리에는 광선이 균일해서 작품에 사용한 색채가 변질되지 않고 오래 유지될 수 있는" 북향 빛을 권유했다.[48] 이는 오늘날에도 수용되는 통찰이다. 자르디노 궁전Palazzo Del Giardino의 부속 건물로 전시관 용도로 지어진 초기 건물에 속하는 사비오네타 갤러리Sabbionetta Gallery, V. Scamozzi, Firenze, 1583-1590와 우피치Uffizi 미술관의 갤러리Galerie des Offices, G. Vasari, Firenze, 1581에서도 커

우피치 미술관 갤러리의 측창 채광(위)과
뉘 칼스버그 조각미술관의 고측창 채광
(아래).

다란 측창을 통해 내부를 밝혔다. 17세기에 접어들어 리슐리외Richelieu, 마자랭Mazarin, 루이 14세, 필립 4세 등의 대저택에 전시공간이 마련되면서 측창이 그대로 빛 유입구로 사용됐다. 두 층 모두 전시공간으로 이용됐던 마자린 갤러리Galerie Mazarine도 마찬가지였다. 프랑스 유물 전시관Musée des Monuments français의 17세기 신新전시실Nouvelle Salle du XVIIe siècle, A. Lenoir, Paris, 1795 또한 측창 채광을 이용했다.

루브르 박물관처럼 기존 건물을 전시공간으로 용도 변경한 여러 경우를 제외하고 신축 미술관에서 측창을 사용한 대표적 예가 베를린 구舊박물관이다. 뮌헨 조각미술관과 함께 뒤랑의 미술관 계획안의 영향을 받은 중요한 작품으로 이해되는 이 미술관은 평면도(p.46)에서 확인할 수 있는 것처럼 20세기 초반까지 다수의 신고전주의적 신축 뮤지엄들에서 측창 채광을 받아들이도록 고무했다.

18세기에 건설된 드레스덴과 뮌헨의 미술관들은 전시실의 한쪽 벽 상부에 큰 창을 두었는데, 여기서 초기 고측창 채광방식을 짐작할 수 있다. 천창 채광을 함께 쓰기도 한 뉘 칼스버그 조각미술관Ny Carlsberg Glyptothek, W. Dahlerup & H. Kampmann, Copenhagen, 1897도 같은 채광방식을 보인다. 앞서 언급한 뒤랑의 미술관 계획안은 고측창 채광방식을 택했다. 이 계획안이 실린 뒤랑의 저서『건축 강의 개요Précis des leçons d'Architecture』에는 채광에 대한 특별한 언급이 없지만, 도면에 나타난 갤러리 벽 상부에는 반달형 창이 연속돼 있다. 1824년 런던에 지어진, 존 손 경이 살았던 저택이자 소장품을 전시한 존 손 경 뮤지엄Sir John Soane's Museum의 경우, 대리석 유물들은 천창을 통해 조명되지만 회화를 전시하는 방은 고측창을 통해 빛을 유입시킨다. 이 외에도 파리 자연사박물관의 해부학 갤러리Galerie d'anatomie와 조류 전시실Galerie des oiseaux, 바티칸 뮤지엄 내의 피오 클레멘티노 박물관Museo Pio-Clementino, M. Simonetti & G. Camporesi, Rome, 1773-1780에서도 고측창을 활용했다. 프랑스 유물 전시관의 입문실La Salle d'introduction에도 측창을 보완하는 반원형 고측창이 있다.

천창 채광방식은 루벤스 갤러리Galerie de Rubens, Anvers, 베르사유 궁의 희귀품 캐비닛Cabinet des Raretés, Versailles과 팔레 루아얄Palais-Royal의 레장 갤러리Galerie du Régent,

고측창 채광을 활용하고 있는 파리 자연사박물관의 해부학 갤러리(위)와 바티칸 뮤지엄 내의 피오 클레멘티노 박물관(아래).

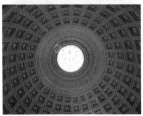

고측창으로 채광되는 존 손 경 뮤지엄의
회화전시공간.(위)
피오 클레멘티노 박물관 돔의 원형 천창.(아래)

Palais Royal처럼 17세기에 접어들어 예술가들의 아틀리에에서 먼 저 나타나 18세기에 보급됐다.[49] 19세기에는 긴 전시공간인 갤 러리에서 폭넓게 사용됐다. 뒤랑의 미술관 계획안에서 중심 로 톤다Salle de Réunion, 뮌헨 조각미술관의 양단에 위치한 두 개의 로톤다, 피오 클레멘티노 박물관의 로톤다와 같이 중심성이 중 요한 전시실에서는 둥근 천창oculus을 통해 빛을 유입시켰다. 세 열로 늘어선 전시실로 구성된 뮌헨 알테 피나코테크Alte Pinakothek München, Leo von Klenze, München, 1826-1836에서 측창 채광이 불가능한 중앙열의 전시실들과 손 경의 저택(뮤지엄)처럼 전 시실 주변이 다른 공간으로 둘러싸여 창을 낼 수 없는 경우에 천창을 열었다. 손 경의 덜위치 미술관Dulwich Picture Gallery, Sir John Soane, Dulwich, 1811-1814 또한 20세기에 들어 갤러리로 사용되기 시작한 서머셋 궁Somerest House, 1780년경 왕립 아카데미의 양식을 따라 천창을 채용했다. 루브르 박물관처럼 무게가 가벼운 그 림들을 최상층에 전시하면서 기존의 측창들을 막고 천창을 낸 사례는 뮤지엄으로 용도 변경된 다수의 건물들에서 발견된다.

유형별 장단점

측창 채광은 조각품처럼 입체적인 전시물에 적합하다. 창문이 있는 작업장처럼, 작품이 제작된 환경과 유사한 조건에서 전시품을 감상할 수 있으며, 전시공간의 난점인 폐쇄성을 줄일 수 있는 장점도 있다. 그러나 회화와 같은 평면적인 전시물 을 관람할 때는 빛 반사에 의한 시각적 장애를 유발시켜 감상을 방해하기도 한다. 또 전시품에 직접 자연광이 닿을 경우 작품이 손상될 위험도 있다. 벽에 창이 있 어 도난의 위험이 커지고, 외벽을 활용한 전시 벽면 확보도 어려워지므로 어느 정 도의 전시면적 손실을 감수해야 한다. 이를 보충하기 위해 베를린 구박물관은 처 음으로 벽과 직교하는 전시용 칸막이를 설치했다. 에르미타주 박물관Ermitage Museum, St. Petersburg, 1831-1851도 이를 따랐지만, 이때도 반사된 빛이 작품 감상을 방해했다. 이러한 단점을 조금이나마 보완하기 위해 보스턴 미술관에서는 창과 전시용 칸막 이의 각도를 46도에서 60도 사이로 제시했다.[50]

천창 채광은 전시용으로 사용 가능한 벽면의 길이를 최대한 확보할 수 있다. 과거에는 벽 전체에 다수의 그림을 조밀하게 전시하는 경우가 흔했기 때문에 천창 채광은 대단한 장점이었다. 그러나 위에 다른 층이 없을 때나 도입 가능한 이 방식에도 단점이 있다. 바닥에 빛이 집중되어 바닥 위에 진열장을 놓고 전시할 경우 빛이 반사된다. 도시에 위치한 뮤지엄에서는 천창 외부가 쉽게 더러워져 빈번한 청소가 필요하고, 눈이 올 경우에는 배수가 더디다. 파손 위험도 크며, 여름이면 실내 온도를 높이는 것도 문제다. 이러한 천창 채광의 단점은, 18세기 말 프랑스 아카데미가 제안한 루브르 박물관의 천창 채광을 검토할 때 이미 상세하게 파악됐다.[51]

벽의 높은 곳에 창이 위치해 있어 벽면을 전시용으로 활용할 수 있고, 회화 같은 평면적인 작품을 위한 빛의 투사각으로 30도에서 90도 사이가 적당하다는 점을 고려하면, 고측창 채광은 측창 채광의 단점을 상당히 보완해 준다. 천창 채광의 단점도 상당 부분 해소된다. 그러나 반사 문제가 완전히 해결되지는 않으며, 빛을 일정하게 배분하기 어려운 단점이 있다.

자연채광방식의 선택 범주

측창 채광

다른 용도의 건물이 뮤지엄으로 개조된 경우를 제외하면 1970년대 이후 건설된 현대 뮤지엄에서 측창 채광을 택한 경우는 드물다. 기존의 런던 내셔널 갤러리 구관과의 연계성을 추구한 내셔널 갤러리 세인즈버리 신관Sainsbury Wing at the National Gallery, R. Venturi & S. Brown, London, 1986-1991에는 파사드에 진짜 창이 아닌 막혀 있는 맹창들窓[52]이 나 있다. 전시공간은 천창을 통해 채광된다.

고전적 미술관인 테이트 갤러리Tate Gallery를 확장한 클로어 갤러리Clore Gallery, J. Stirling, London, 1980-1987에는 전시공간의 외벽에 창이나 맹창을 두지 않는 대신 창이 외벽에서 행했던 스케일과 재료에서의 변화 역할을 담당하는 정방형 격자틀grid을 파사드에 노출시키고 천창 채광을 채택했다.[53] 기존 미술관의 증축인 만큼 외관상 본래의 이미지는 유지하면서 측창 채광의 단점을 피했다. 이런 격자틀은 신고전주의적인 기존 건물 표면에 있는 벽기둥의 리듬을 추상화하고 내부의 철골구조를 표현하기 위해 예테보리Göteborg 법원Gunnar Asplund, 1937 등에서 이미 사용된 적 있다.

내셔널 갤러리 세인즈버리 신관.(위)
클로어 갤러리.(아래)

이탈리아 건축가 알도 로시Aldo Rossi, 1931-1997는 독일역사박물관Deutsches Historishes Museum, Berlin, 1988 계획안에서 고전적인 도시역사를 중시해 전시공간의 외관에 가파른 물매의 지붕을 이고 있는 중세 주거 건물처럼 보이도록 창을 냈지만, 이때도 전시공간이 매우 넓어 측창을 통한 채광 효과는 미미했다.

주변환경을 고려하면서 전시품과의 조화를 이룬 수공예박물관Museum für Kunsthandwerk, R. Meier, Frankfurt, 1979-1985은 인간적 스케일의 측창이 두드러진다. 이 측창은 마이어가 제한초청 설계공모전에서 로버트 벤추리Robert Venturi, 1925- 와 한스 홀라인Hans Hollein처럼 장소성을 중시하기로 정평이 난 건축가들을 물리치고 당선될 수 있었던 근거가 됐다. 마이어는 대지 내에 있는, 1803년에 지어진 메츨러 저택Villa Metzler에서부터 구상을 시작했다. 미국에서 활동하는 유대인 건축가 마이어가 유럽에 건설한 첫 작품이기도 한 이 박물관은, 캘리포니아의 넓은 평원에 빛나는 오브제인 백색 건물만을 설계해 온 마이어가 문화적 맥락을 고려해야 하는 유럽의 상황에 어떻게 대처하는가 하는 점에서 관심을 끌었다. 이 박물관의 평면과 전체 배치는 정사각형 평면을 가진 메츨러 저택의 네 배수에서 결정됐다. 척도 또한 새로운 박물관에 필요한 여러 모듈을 구하기 위해 17.6미터라는 폭과 높이를 지닌 저택의 치수를 복제하고 확대 적용한 결과다. 저택의 입면 치수는 박물관의 외피인 가로, 세로 110센티미터 규격의 금속판 격자

독일역사박물관 계획안 스케치.

프랑크푸르트 수공예박물관.

의 기본이 됐다. 저택의 창문 비율도 그 대로 신축된 박물관 창에 적용됐다. 건축가 마이어는 "새로운 박물관의 조직 격자는 거의 완벽한 정육면체인 메슬러 저택의 기하학적 구조와 강둑 및 기존 건물들이 있는 대지와 약간 비틀어진 각도의 기하학적 배치에서 비롯됐다. 저택은 새 박물관을 형성하는 열여섯 개의 격자인 더 넓은 정사각형 평면의 사분의 일에 내접해 있다"고 설명했다.[54] 그 결과 강과 공원에 면한 뮤지엄의 파사드에는 저택의 창문과 동일한 창문이 나 있어 박물관이 아닌 주거용 건물처럼 보인다.

이러한 저택형 창문을 통한 측창 채광이 어색하거나 불편하지 않은 것은 이곳의 전시품이 주방용품이나 가구, 실내 장식품 등과 같이 집 안에서 사용하는 수공예품이기 때문이다. 전시품은 본래 있던 환경과 유사한 곳에 전시하는 것이 가장

게티 센터의 전시공간.

이상적임을 감안할 때, 측창 채광의 장점은 살리고 단점은 문제되지 않는 조건 속에서 인간적 스케일이 살아 있는 창의 존재는 방문객이 전시공간에 무난히 적응하도록 돕는다. 다음 장에서 거론되겠지만 내외부 교차산책의 전형인 이 박물관에서 창밖으로 보이는 강과 공원, 중정은 전시품을 감상하는 도중에 접하는 활력소가 된다. 채광방식이 전시내용과 긴밀한 관련이 있음을 보여 주는 예다. 이 전시공간은, 마이어가 설계한 게티 센터Getty Center, LA, 1987-1997의 18세기 장식예술 갤러리에서 전시 벽면 확보를 위해 측창 없이 천창으로만 채광한 결과 폐쇄된 생경함이 느껴지는 것과는 차이가 있다. 인간적 스케일로 친근감을 주는 측창은 전시실이라는 일상생활과 격리된 공간 속에서 뮤지엄의 주변환경과 어울리고 전시품의 성격과도 화합될 때 현대 뮤지엄에 무난히 적용될 수 있다.

건축가의 건축철학이 낳은 투명한 뮤지엄으로는 아랍문화원l'Institut du Monde Arabe, J. Nouvel, Paris, 1981-1987이 있다. 프랑크푸르트 수공예박물관에서 본 인간적 스케일의 측창과 달리 아랍문화원 등 전면 유리를 통해 측광을 받는 뮤지엄들은, 1851년

아랍문화원(위)과 전시공간(아래).

카르티에 재단.

런던에서 개최된 첫 국제박람회의 전시장으로 지어진 수정궁Crystal Palace, Sir Joseph Paxton[55] 이후 뉴욕 현대미술관과 미스 반 데어 로에의 '보편적 공간' 개념을 거쳐 퐁피두센터에서 꽃피웠던 투명한 뮤지엄 개념을 계승하고 있다.

극단적 측창 채광이라 할 수 있는 전면 유리를 통한 채광은 전시공간에 대한 적합도나 조명에 대한 관심보다는 건축가 개인의 철학에 기인하는 경우가 대부분이다. 일반 건축물에서 유리 건축을 선호하는 건축가들은 뮤지엄 건축에서도 일단 유리를 외장 재료로 정한 후에 단점을 보완한다. 아랍문화원은 주 파사드 유리 안쪽 전체에 햇빛의 양에 따라 자동으로 개방의 정도가 조절되는 빛유입조절장치가 설치되어 있다. 전시공간에 유리를 사용하는 것은 도난의 위험이나 자외선 등으로 작품 보호 측면에서 불리하다. 그럼에도 유리를 적용한 뮤지엄들은 내부에서 외부로 보여 줄 것이 있을 만큼 비교적 양호한 환경에 위치한 경우이다. 이때 유리라는 얇고 투명한 재료로 내외부를 한정(차단이 아닌) 지을 때에는 두 공간 사이의 밀접한 연계성이 전제된다. 아랍문화원, 독일우편박물관Deutsche Post Museum, G. Benisch, Frankfurt, 1986-1990, 생로맹앙갈 고고학박물관Musée archéologique de St-Romain-en-Gal, Ph. Chaux & J.-P. Morel, Saint-Romain-en-Gal, 1989-1996, 카레 다르처럼 강, 공원이나 정원, 고대 유적 등 실내에서 접촉하고 싶은 우호적인 외부 조건은 유리를 채택하는 명분이 된다.

또한 아랍문화원이나 독일우편박물관처럼 상당수의 전시물이 입체적인 오브제일 경우, 측창 채광의 단점은 그다지 문제되지 않는다. 퐁피두센터나 카레 다르처럼 평면적인 전시물이 많을 경우에는 유리 안쪽에 다시 반영구적인 불투명 벽을 둘러 측광을 차단한다. 내부로 유입되는 직사광선을 줄이기 위해 차양을 치거나 별도의 차단막을 설치하기도 하는데, 이때는 투명한 이미지가 훼손되는 것을 감수해야 한다. 카레 다르는 유리 건물이면서도 상당 부분 외부로의 시선이 차단되고 천창을 통해 빛을 유입시킨다. 최상층에 주 전시공간이 자리잡은 이유이기도 하다. 카르티에 재단Fondation Cartier, Jean Nouvel, Paris, 1991-1993처럼 시계와 보석 등을 주로 취급하는 기업이 자사의 기업 이미지를 홍보하기 위해 유리 건축을 채택하기도 한다. 이 건물을 설계한 건축가 장 누벨Jean Nouvel의 작품이 유형을 불문하고 모두 유리 건축임은 물론이다.

고측창 채광

천창 채광에 비해서 고측창 채광은 채택 빈도가 현저히 떨어지지만 나름의 선택 이유를 찾아 볼 수 있다. 먼저 동선과 연계된 고측창을 채택한 앙리 시리아니의 뮤지엄을 들 수 있다.

빛과 동선의 연계성을 중시하는 시리아니가 설계한 제일차세계대전 역사관은 고측창 채광이 주로 벽을 조명한다는 데에 착안하여 빛이 반사되는 벽으로 방문객을 유도하는 동선을 제시한다. 제일차세계대전 역사관의 중앙에 위치한 초상화실은 네 개의 전시실로 둘러싸여 있는데, 제2·4전시실의 두 벽과 제3전시실의 한 벽이 고측창으로 들어온 빛을 받아 반사시키는 데 전적으로 할애돼 있다. 그 중 한쪽 벽에 반사된 빛은 전시실로 들어가는 방문객을 동반하고, 다른 쪽의 빛은 이어진 전시실로 향하는 벽을 밝혀 다음으로 가야 할 방향을 알려 준다. 제1전시실의 우측 전창슈窓도 포흔이 선명한 중세 성벽을 향해 열려 있어 방문객을 전시실 깊숙이 끌어들인다.[56]

시리아니가 설계한 또 다른 뮤지엄인 아를 고대사박물관에서는 고측창 채광을 받는 붉고 큰 벽이 동선을 지시하는 역할을 한다. 이 벽은 그리스 사원의 벽과 주랑 사이에서 민주적 공간인 고대 광장을 향한 갤러리인 스토아stoa를 모델로 고안되었다. 전시공간으로 들어가는 입구의 바로 좌측에 위치한 출구를 통해 먼저 보이는 밝은 벽은 전시공간 동선에서 가장 마지막에 위치한다. 여러 개의 톱날지붕고측창을 통해 천창 채광을 받는 대전시공간에서 이리저리 걸어 다니며 자유롭게 전시물을 감상하는 방문객들은, 전시공간의 제일 안쪽에 있는, 붉은 벽 전체가 북측으로 열린 고측창을 통해 조명된 이 큰 벽 덕분에 그곳이 궁극적으로 가야 할 방향임을 확인한다.[57] 이 두 뮤지엄의 고측창 채광은 방문객들이 외부에 대한 인식을 가급적 줄이고 전시품 감상에 집중할 수 있도록 도와주며, 다음 장에서 다뤄질 '내부

제일차세계대전 역사관 제4전시실의 고측창.

아를 고대사박물관의 붉은 벽.

지향적 산책'을 가능케 한다.

괴츠 컬렉션Goetz Collection, Herzog & Meuron, München, 1992과 키르히너 미술관Kirchner Museum, A. Gigon & M. Guyer, Davos, 1991-1992, 그리고 브레겐츠 미술관Bregenz Art Museum, Peter Zumthor, Bregenz, 1991-1997과 같은 미니멀 뮤지엄에서도 고측창을 채택하기도 한다.

외형과 전시공간에서 완전한 직육면체를 이루는 단순한 형태의 괴츠 컬렉션은, 유리 건축을 선호하는 건축가들이 뮤지엄의 외피 재료로 유리를 사용하는 것처럼, 건축 유형을 불문하고 직육면체의 기하학적 완전성을 추구하는 건축가의 작업 결과다. 두 층의 갤러리를 만들면서 아래층 갤러리를 지하 3미터 이상의 깊이로 묻고 각 층의 천장면에 맞닿은 고측창을 네 면에 설치해, 마치 유리벽 위에 볼륨이 올라가 있는 것처럼 보인다. 얇은 지붕선에 맞닿은 위층 고측창은 지상의 전체 볼륨을 가벼워 보이게 한다. 전시실은 고측창의 창틀이나 걸레받이마저 제거된 채 완전한 닫힌 면(목재 바닥, 흰 벽과 천장)과 열린 면(고측창)으로만 구성되어, 일체의 군더더기가 없는 미니멀한 공간이다. 여기에 전시되는 회화작품들은 액자도 사용하지 않는다.

여러 개의 단순한 육면체의 조합으로 구성된 키르히너 미술관의 전시공간도 고측창으로 채광된 빛이 실내로 유입된다. 이렇게 단순한 육면체를 사용하고 특히

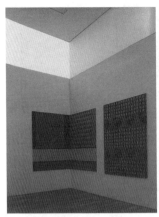

괴츠 컬렉션의 전시공간.

평지붕을 선택한 것은 수목이 우거진 스위스 산들과의 대비를 고려한 결과다. 이 미술관에서의 채광 특징은, 일단 고측창을 통해 끌어들인 빛을 유백색의 유리 천장판을 통과시켜 마치 천창 채광처럼 활용했다는 점이다. 개인 컬렉션을 소장한 소규모 괴츠 컬렉션과 달리, 이곳 전시실은 면적이 넓고 높이 또한 충분하기 때문에 4.75미터 높이에 걸려 있는 유리 천장판이 전시실의 중심부까지 빛을 확산시켜 준다. 더불어 전시공간에서의 단순함은 건축이 아닌 회화가 주인이 되게 한다.[58]

브레겐츠 미술관은 괴츠 컬렉션만큼이나 단순한, 반투명 유리 육면체로 사면이 에칭된 유리로 둘러싸여 있다. 그 지역의 전통적인 전원풍 건물에 어울리는 지붕널shingle처럼 배열된 유리 외장재는 미술관 앞 콘스턴스 호수에서 피어오르는 아지랑이와 어우러져 그 외연을 빛 속에 사라지게 한다. 건축가는 하늘과 푸른 호수 등이 너무 강해, 전시장 내에서 유발된 감성을 망가뜨릴 위험성이 있는 밖으로의 조망을 없애기로 한다. 한편으로는 섬세한 빛 효과를 살리기 위한 방안을 찾으면서 빛과 함께 변하는, 정사각형 평면의 반투명 유리 구조물을 구상했다. 무거운 조각물이 전시되는 1층은 건물 전체를 지지하는 세 개의 콘크리트 벽 사이를 통해 측창 채광이 이루어지나, 회화작품을 전시하는 2-4층 전시공간에서는 키르히너 미술관과 동일하게 빛을 끌어들인다. 단열을 위한 두 겹 내지 세 겹의 유리 외피 안에 유리 천장면 높이만큼 둘러 세워진 콘크리트 수직판 위쪽에서 고측창과 동일한 역할을 하는 열린 부분을 통해 들어온 자연광이 외부 유리 벽과 동일하게 에칭된 유리 천장면을 통해 내부로 확산된다. 전시공간은 평탄한 콘크리트(바닥과 수직면)와 유리(천장)로 이뤄진 컨테이너 같다.

이와 같이 내외부에서 단순성을 추구하는 뮤지엄의 경우, 벽 여기저기에 구멍을 내야 하는 측창 채광이나 구조물이 겉으로도 드러나고 내부에서도 복잡하게 보일 수 있는 천창 채광 대신 하나의 길고 평탄한

키르히너 미술관의 전시공간.(위)
브레겐츠 미술관의 전시공간.(아래)

바시비에르앙리무쟁 현대예술센터 스케치.

면으로 나타나는 고측창을 선호한 것으로 보인다.

　건축가의 투철한 역사의식과 주변 환경의 역사적 맥락 중시로 인해 고측창 채광을 사용한 또 다른 사례가 있다. 이탈리아 건축가 알도 로시는 바시비에르앙리무쟁 현대예술센터Centre d'Art Contemporain, Vassivière-en-Limousin, 1987-1991에서 뒤랑의 미술관 계획안에 나오는 반원형 고측창으로 조명되는, 방문 순서에 따라 일렬로 배치된 일방향성 갤러리를 전시공간으로 제시했다. 이러한 채광방식은 건축가의 신합리주의적 사고를 따른 것이다. 로시는 역사성과 장소성을 존중하며 합리적이면서 근대적인 건축을 추구했다. 그는 형태 요소에서 고전적 형태의 추상화, 구성 요소의 단편화 및 기하학적 입체의 사용이라는 특징을 갖고 그것을 구성하는 데 중합과 반복, 축과 중심, 요소와 스케일의 과장, 지역성 중시라는 방법론을 자신의 작품에 공통적으로 적용했다. 이 현대예술센터 또한 그 범주 내에서 고측창을 이용해 벽 공간을 적극 확보하며 직렬형 전시실이 지닌 방향성을 고취시킨다.

천창 채광

건물에는 환기나 빛 유입을 위해 창문이 필요하다. 창문과 같은 개구부가 없거나 적은 건물은 예외적이어서 독특하다. 앞서 어떤 건물의 지붕에서 천창이 보이면 자연스럽게 전시공간임을 짐작할 수 있다고 한 것처럼 천창 조명은 뮤지엄이라는 건물의 용도를 드러낸다. 내부조명 방식으로서의 장점과 아울러 기능적 요구의 결과로 용도를 표명할 수 있는 특징이 있는 것이다. 그러나 천창 채광의 수광受光 시스템은 전시공간 성격에 지대한 영향을 미치므로 신중하게 선택해야 한다.

천창 채광이 전시공간이 넓은 경우에 적합한 채광방식임을 보여 주는 예로 세인즈버리 시각예술센터Sainsbury Center for Visual Art, N. Foster, Norwich, 1974-1977가 있다. 전시공간이 넓어 외벽에서 건물의 중심부까지 빛을 끌어들이기 힘들 때 천창 채광은 유일한 해결책이다. 단일면적이 넓은 공장 건물에서 채광을 위해 천창을 이용하는 것과 같은 이유다. 유리로 둘러싸인 투명한 뮤지엄은 의외로 인공조명에 대한 의존도가 높다. 단일 전시공간이 넓은 경우가 많아 벽 전체가 창이어도 중심부까지 자연광을 끌어들이기 어렵기 때문이다.

세인즈버리 시각예술센터의 전시공간(위)과 외관(아래).

컨테이너 빌딩 개념으로 설계돼 단 하나의 볼륨에 모든 기능을 담고 있는 세인즈버리 시각예술센터의 전시공간은, 움직일 수 있는 블라인드가 달린 천창을 통해 여과된 자연광으로 조명된다. 여기에 역시 이동 가능한 투광기에서 발산되는 인공광이 자연광을 보조한다. 이 건물의 장점은 삼차원 프레임을 지닌 구조 디자인과 그 안에 빛과 공기 같은 환경조절시스템을 통합시킨 방법에 있다. 구조적 대담성과 효율적인 기능을 추구하는 건축가의 의도에 따라 최대한의 융통성을 발휘할 수 있는 단일 전시공간을 마련하고, 천창 채광을 통한 균일한 자연광을 실내로 끌어들였다.

이와 같이 구조의 과감성을 표현한 기술 추구형 전시공간이 아니더라도 예일대 영국미술센터Yale Center for British Art, L. Kahn, New Heaven, 1969-1974처럼 전시공간의 폭이 깊은 경우 천창 채광을 활용한다. 구조적으로 가장 무난한 편에 속하는 기둥 간격 20피트(약 6.1미터)가 정사각형의 한 변의 길이가 되고 이 정사각형 단위 육십 개(10×6)가 모여 평면을 이루는 이 센터의 지붕에는 구조 단위별로 동일한 수광 시스템이 설치되어, 단위마다 동일한 빛이 유입된다.[59] 전시공간이 넓은 만큼 필요에 따라 구조 단위별로 이동 가능한 칸막이를 설치해 다양한 내부공간 구성이 가능하다. 이 구조 단위 중 중심부의 네 개(2×2)와 여섯 개(3×2)는 지상 1층까지 뚫려 있어 자연광을 아래층까지 끌어들인다.

천창 채광의 다양한 형상에 의한 표현성과 중성中性이 병존하는 사례로 로스앤젤

예일대 영국미술센터의 내부.

전시공간에서의 자연광

로스앤젤레스 현대미술관의 전시공간들.

레스 현대미술관을 들 수 있다. 이 미술관이 내외부적으로 여러 가지 모습을 가질 수 있는 건 다양한 천창 채광방식 덕분이다. 육면체 볼륨들 위에 얹힌 터널형 지붕과 크고 작은 피라미드형 천창, 길게 줄맞춰 늘어선 열한 줄의 삼각형 천창 같은 순수한 기하학적 형태의 모음은, 1970년대 초반의 플라톤적 입체의 반복 사용이나 1970년대 후반의 양식적 요소들의 평행 배치 같은 이소자키Arata Isozaki, 1931-의 건축 구성 방식을 벗어난 '분열적 절충주의schizo-éclectisme' [60]의 특징을 보여 준다.

비트라 디자인 뮤지엄의 2층 전시공간.(위)
메닐 컬렉션의 전시공간.(아래)

이소자키는 현대미술관에서 고려해야 할 세 가지 요소[61] 중 빛 환경을 가장 중시했다. 그는 남부 캘리포니아의 자연광을 최대한 활용하면서 미묘한 공간적 차별성을 지닌 갤러리를 만들었다. 걸레받이까지 제거된 흰 벽으로 둘러싸여 중성적 공간인 미술관의 전시실들에는 세 가지 서로 다른 천창 채광방식이 적용됐다. 처음 두 전시실에는 피라미드형 천창이 있었다. 그 결과 면적에 비해 수직적으로 상승하는 높은 공간을 지니게 되었으며, 그리하여 더 넓지만 천장고가 낮은 다른 전시실들을 보완해 다양한 크기와 형태의 작품을 전시할 공간을 확보했다. 또한 중성적 전시실의 중앙 집중성을 고취시키면서도 피라미드형 천창의 표현성이 공간을

포틀랜드 미술관의 전시공간.

지배하게 했다.

　이어지는 다음 전시실은 V자형의 빛 반사기가 자연광을 여과하는, 더욱 환한 방이다. 역시 천장선 아래로는 중성적 환경이 유지되는 반면에, 빛 반사기 아래에는 인공조명을 달고 있는 격자형 틀까지 노출되어 있어 천장 자체의 모습을 가지고 있다. 마지막 전시실은 여덟 개의 작은 피라미드형 천창을 통해 빛을 받지만 전시실 내부에서는 반투명한 수평 천장판을 통해 여과되고 확산된 빛만 들어와 피라미드형 천창이 인식되지 않는 중성적 육면체를 이룬다.

　이와 같이 로스앤젤레스 현대미술관은 외부적으로는 강조된 피라미드형 천창이 건축가의 형태적 요구를 만족시키면서 중성적인 내부에서는 때로는 표현적이고 때로는 무표정한 전시공간을 연출한다. 포틀랜드 미술관Portland Museum of Art, H. N. Cobb, Portland, 1978-1983의 전시실도 로스앤젤레스 현대미술관처럼 피라미드형 천창으로 조명되지만, 천창 아래의 천장 부분이 천창과 같이 기울어져 있지 않고 수평적이어서, 천창은 천장 중앙의 정사각형 구멍에 얹혀 있는 듯하다. 또 벽도 장식적이어서, 로스앤젤레스 현대미술관보다 중앙 집중성과 단순미 측면에서 모두 약하다. 한편 비트라 디자인 뮤지엄처럼 천창의 다양한 형상이 외관을 지배하고

바이엘러 재단 미술관.(위)
캘리포니아 과학아카데미.(아래)

내부의 공간성까지 좌우하는 경우도 있다.

현대 뮤지엄에서도 애용되는 톱날지붕고측창의 건축적 특징을 보자. 메닐 컬렉션Menil Collection, R. Piano, Houston, 1981-1987은 전시실의 크기와 형태에서는 전통적 뮤지엄의 특성을 유지하지만, 천창 채광방식에서는 몇 가지 독특한 점이 있다. 미술관 천장 전체에는 정교한 기술이 적용된 나뭇잎 모양의 얇은 금속판이 일반적인 회화 전시관에 적합한 200럭스 빛의 네 배나 되는 800럭스의 반사광을 실내로 유입시킨다. 이러한 다량의 자연광 유입은, 만여 점에 이르는 소장품들을 짧은 기간을 주기로 자주 교체하며 최선의 환경 속에서 가능한 많이 보여 주려는 미술관의 요구에 응한 것이다. 실제로 과다한 빛으로부터 보호하기 위해 한 달에 한 번씩 전시물을 교체한다.[62]

미술관의 천장에 반복 설치된 금속판들은 하나의 천장 면面으로 나타난다. 즉 인간적 스케일로 잘게 나누어진 금속판은 개별적으로 인식되기보다는 빛을 반사하는 밝은 면으로 인식되어 미니멀한 벽과 바닥을 지닌 전시실의 분위기를 자극하지 않는다. 천장 면에 반투명 유리를 설치해 만든 완전한 중성적 공간과 달리 광량에 따라 개폐 정도를 조정할 수 있는 섬세한 금속판을 반복 사용해 첨단기술의 이미지와 단순성의 이미지를 함께 고취시킨 것은, 렌초 피아노R. Piano가 설계한 바이엘러 재단 미술관Foundation Beyeler, Basel, 1992-1997이나 캘리포니아 과학아카데미California Academy of Sciences, San Francisco, 2000-2008의 특징이기도 하다. 내부의 천창 채광 시스템을 외부의 차양으로 그대로 노출시켜 내외부의 연계성을 시각적으로 강조하면서 빛을 품격 있게 대했음을 천명하는 것이다. 그의 다른 작품들인 트렌토 과학박물관MUSE: Museo delle Scienze, Trento, 2002-2013, 킴벨미술관 증축부Kimbell Art Museum Expansion, Fort

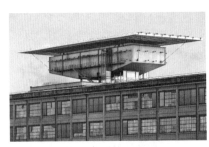

지오바니와 마렐라 아넬리 미술관.(위)
시카고 미술회관 신관.(아래)

아를 고대사박물관 대전시공간의 천창 채광.

Worth, 2007-2013, 시카고 미술회관 신관Chicago Art Institute–The Modern Wing, Chicago, 1999-2009
과 지오바니와 마렐라 아녤리 미술관Pinacothèque Giovanni et Marella Agnelli, Turin, 2003에서
도 공통적으로 천창 채광 시스템이 처마처럼 뻗어 나와 수평적인 지붕이 되는 일
체성을 보이면서 빛에 대한 존중을 드러낸다.

메닐 컬렉션에서 나타나는 면으로서의 톱날지붕고측창의 또 다른 면모는 아를
고대사박물관의 대전시공간에서 찾아볼 수 있다. 앞에서 톱날지붕고측창이라고
번역되는 'sheds'가 여러 개 있어 전시공간 전체를 밝힐 때 천창 채광이라고 보았
다. 아를에서는 대전시공간의 천장 면이 톱날지붕고측창의 S자형인 하부 곡선과
매끄럽게 연결된 결과 천장의 자극적 형태가 시선을 위로 끄는 것을 방지했다. '이
미' 그곳에 있는 부드러운 빛과 여과된 분위기를 즐기는 것이다.

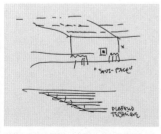

밑면으로서의 천창(그림 위)과 기술적 천창(그림
아래)을 구분해 표현한 앙리 시리아니의 스케치.

이러한 '밑면sous-face'으로서의 톱날지붕고측창보다 천창
채광의 원조인 공장형 톱날지붕에 가까운 '기술적 천장pla-
fond technique' 개념을 적용한 경우도 많다. 천창의 크기는 주
로 뮤지엄의 지역적 조건에 좌우된다. 핀란드에 있는 올보
르 미술관Aalborg Art Museum, A. Aalto, Aalborg, 1969-1973처럼 북구
의 낮은 햇빛 입사각 때문에 톱날지붕의 크기가 전시실의
벽 높이만큼 커지기도 한다. 그 결과 필요한 만큼의 충분한

올보르 미술관의 천창.

크뢸러뮐러 국립미술관 증축부의 전시공간.

빛을 확보할 수 있지만 천장 구조물의 과도한 크기가 아래 전시공간을 압박한다. 이
경우 그 아래 전시물이 위축될 우려가 있다.

  크뢸러뮐러 국립미술관 증축부Rijksmuseum Kröller-Müller, W. Quist, Otterlo, 1970-1977나 그
르노블 미술관Musée de Grenoble, Groupe 6, Grenoble, 1985-1994의 상설전시공간에 나타나는
천장 채광의 날카로운 하부 선은 보기에 따라 위협적이기도 하지만 천장 시스템
의 무게를 가볍게 보이게도 한다. 빛을 반사하는 밝은 면과 톱날지붕고측창의 개
별성을 강조하는 분할선이 중첩됨으로써 밑면으로서의 천창보다는 방문객의 시
선을 위로 끈다.

  슈투트가르트 시립미술관 신관에서는 고전적 전시환경 확보를 위해 천장 채광
을 활용한다. 앞서 본 바와 같이 천장 채광의 수광 시스템은 전시공간의 성격에
적잖은 영향을 미친다. 전시공간에서 건축적 표현을 자제하려는 건축가는 수광 방
식의 선택에서 제한적으로나마 전시공간의 성격에 대한 자신의 생각을 드러낸다.

  슈투트가르트 시립미술관 신관에 적용된 천장 채광은 의식적으로 고전적 전시
환경을 만들고자 하는 건축가의 의지가 빚어낸 것이다. 스털링James Stirling은 투철
한 이론하에 미술관 내외부 모두에서 고전성을 띤 건물을 구상한 벤추리의 내셔
널 갤러리 세인즈버리 신관이나 이소자키의 오카노야마 그래픽아트 미술관

채광방식	선택 사유	사례 뮤지엄	공간적 특성
측창 채광	증축 시 기존의 고전적 뮤지엄과 조화	· 내셔널 갤러리 세인즈버리 신관	증축 시 기존 미술관과의 조화를 위해 맹창을 둠.
		· 클로어 갤러리	스케일과 재료에서의 변화 역할을 담당하는 정사각형 격자틀이 창과 같은 느낌을 줌.
	주변환경에의 대응	· 독일역사박물관 계획안	고전적 도시역사를 존중해 창을 계획함.
	주변환경 및 전시품과의 조화	· 수공예박물관	기존의 메출러 저택 창 규격을 사용했으며, 가구, 실내 장식품 등의 전시품이 본래 있던 환경과 유사한 환경을 조성함.
	건축가의 철학에 따른 전창(全窓) 뮤지엄	· 아랍문화원 · 독일우편박물관 · 생로맹앙갈 고고학박물관 · 카레 다르	수정궁과 미스 반 데어 로에의 유리 뮤지엄을 계승하고 있으며, 전시물이 입체적인 오브제일 경우가 많음. 실내에서 볼 수 있는 강이나 공원, 유적 등은 우호적인 외부조건이 됨.
고측창 채광	자연광과 동선의 연계	· 아를 고대사박물관 · 제일차세계대전 역사관	벽을 밝히는 고측창이 동선을 동반하거나, 이동해야 할 지점을 자연광이 안내함.
	미니멀 뮤지엄	· 괴츠 컬렉션 · 키르히너 미술관	미니멀 환경을 구축하기 위해 길고 매끈한 수직면으로 나타나는 고측창을 선택함.
	투철한 역사의식과 역사적 환경 중시	· 바시비에르앙리무쟁 현대예술센터	역사성과 장소성을 중시하는 건축가의 신합리주의적 사고를 반영함.
천창 채광	넓은 전시공간 조명	· 세인즈버리 시각예술센터 · 예일대 영국미술센터	넓은 전시공간을 균일하게 밝히는 채광방식으로 효율적이며, 이동 가능한 칸막이로 공간 분할도 가능함.
	뮤지엄 성격의 표현	· 로스앤젤레스 현대미술관	거대 도시 환경의 비인간성에 대응한 다양한 채광방식이 외관과 전시환경에 영향을 줌.
		· 비트라 디자인 뮤지엄	첨단 디자인된 의자를 생산하는 회사 이미지를 전달함.
	'밑면' 으로서의 천창	· 아를 고대사박물관	진입방향에서 유입구는 가려지고 빛만 존재함.
		· 메닐 컬렉션 · 바이엘러 재단	첨단의 천장 수광 시스템으로 깨끗한 면성(面性)이 미니멀한 전시공간을 창출함.
	'기술적 천장' 으로서의 천창	· 크뢸러뮐러 국립미술관 증축부 · 그르노블 미술관	톱날지붕고측창의 날카로운 밑선이 경쾌하면서도 위협적이어서 시선을 위로 꿈.
		· 올보르 미술관	낮은 태양 입사각 때문에 과도한 크기의 천장 구조물이 설치되어 전시물이 위축될 우려가 있음.
	주변과의 조화	· 루트비히 미술관	톱날형 고측창과 퀼른 대성당의 첨탑이 조화를 이룸.
	고전적 전시환경과의 조화	· 슈투트가르트 시립미술관 신관 · 클로어 갤러리 · 새클러 박물관 · 내셔널 갤러리 세인즈버리 신관 · 오카노야마 그래픽아트 미술관	고전적 전시환경에 적합한 채광방식을 선택함.

표 3. 현대 뮤지엄에서 자연채광방식의 선택 범주.

클로어 갤러리 전시공간의 천창 채광.

Okanoyama Graphic Art Museum, Nishiwaki, 1982-1984처럼[63] 천창 채광방식이 고전적 전시환경에 적합하다고 생각했다.

　유독 천창 채광방식이 고전적 채광방식을 대표하는 것으로 받아들여져, 체험적으로나 이론적으로 과거의 전시공간 양식을 따르려는 건축가들이 선호하게 된 이유로는 여러 가지를 거론할 수 있겠다. 루브르 박물관처럼 궁전이나 대저택을 뮤지엄으로 개조한 후 기존에 있던 측창의 한계를 극복하기 위해 천창 채광을 적극적으로 도입한 것이 그 중 하나다. 테이트 갤러리처럼 처음부터 미술관으로 지어진 고전적 건물에서도 창이 있으나 전시실 내에서는 창을 막고 천창 채광을 사용한 실례들이 크게 작용했을 것이다.

　슈투트가르트 시립미술관 신관에서는 차분한 분위기를 배가시키는 평탄한 반투명 유리면 천창을 사용했다. 반면에 스털링의 다른 박물관인 새클러 박물관Sackler Museum, Cambridge, 1979-1985과 클로어 갤러리Clore Gallery, London, 1980-1987에서는 빛 유입구와 반사판의 형상이 두드러지게 표현됐지만, 역시 천창 채광을 채용했다. 이미 측창을 가지고 있는 기존 건물을 증축하면서 천창 채광을 공통적으로 채용한 이 세 미술관은 천창 채광이 고전적 전시공간에 적합하다고 생각했음을 확인시켜 준다.

　자연채광방식을 결정하는 몇 가지 범주를 다음와 같이 요약할 수 있다.

　첫째, 프랑크푸르트 수공예박물관의 측창 채광, 바시비에르앙리무쟁 현대예술센터의 고측창 채광, 루트비히 미술관과 슈투트가르트 시립미술관 신관의 천창 채광처럼 장소성을 고려하지 않을 수 없는 건축물로, 뮤지엄이 위치한 주변의 자연적 문화적 역사적 맥락에 대한 고려가 큰 비중을 차지한다.

　둘째, 전면 유리로 둘러싸인 투명한 뮤지엄들의 극단적 측창 채광, 미니멀한 뮤지엄들의 고측창 채광, 고전적 전시환경을 되살리려는 뮤지엄들에서처럼 건축가의 개인적 건축철학에 기인하는 경우가 많다.

　셋째, 외부와의 시선 교류가 가능하고 위치나 크기가 인간적인 측창 채광, 주로 벽을 밝히므로 방문객의 동선과 긴밀한 연계가 가능한 고측창 채광, 전시공간이 넓은 경우 충분하고 고른 자연광을 끌어들일 수 있는 유일한 방법인 천창 채광 등 각 방식의 특성 자체가 채광방식을 결정하기도 한다.

넷째, 채광을 위한 수광 시스템의 형상 및 크기가 뮤지엄의 외관, 특히 전시공간의 내부공간 성격을 좌우하게 되는데, 이러한 특성을 이용하기를 원하는 경우 천창 채광방식을 택하게 된다. 현대 뮤지엄에서는 천창 채광방식이 측창 채광과 고측창 채광보다 빈번하게 사용되는 경향이 있다.

결과적으로, 현대 뮤지엄에서의 자연채광방식이 빛의 양과 질뿐만 아니라 뮤지엄의 입지 조건, 건축가의 건축철학, 각 채광방식의 특성, 전시공간의 성격 설정 등에 선택 기준을 두고 있음을 알 수 있다. 이렇게 봤을 때, 건축가가 자연광의 중요성을 얼마나 인식하고 있는가, 그리고 자연광을 제대로 구사할 수 있는가 하는 건축가의 역량에 따라 뮤지엄의 건축적 질이 좌우된다고 해도 과언이 아니다.

동선으로 경험하는 공간예술

건축적 산책의 유형

오늘날 뮤지엄은 인기있는 나들이 장소 중 하나가 됐다. 하지만 뮤지엄 쪽에서 보면 전시물들이 희귀품이거나 고가인 경우가 많아 안전에 대한 책임이 막중하고, 이에 따라 건축적으로 숱한 제약이 가해질 수밖에 없어 폐쇄적 성격을 띠기 쉬우며, 자칫 빗장을 건 채 방문을 호소하는 격이 될 수 있다. 그러나 이러한 특성이 오히려 다른 유형의 건물과는 구별되는 뮤지엄 건축의 독특성을 발현할 수 있는 기회가 될 수 있다. 특정 사용자에 의해 점유되는 대부분의 건물들과 달리 뮤지엄은 만인에 의해 방문되고 감상되는, 전시된 오브제를 위한 울타리로 존재할 뿐만 아니라, 진한 건축적 감동을 줄 수 있는 공간적 시도도 가능한 곳이다.

이러한 건축적 시도는 방문객에 의해 '읽혀지기'를 전제로 하는데, 조금만 관심을 가진다면 뮤지엄 관람은 더욱 흥미진진해진다. 계획된 경로로 방문객을 유도해 치밀하게 조율된 전체 공간을 경험하도록 하는 '건축적 산책' 개념은 뮤지엄 건축에 적격이다. 방문객들에게 휴식과 교양을 제공한다는 뮤지엄의 현대적 존재이유에 비추어도 이 개념은 현대 뮤지엄 건축의 한 구성법으로 수용될 수 있다. 실제로 현대 뮤지엄을 들여다보면 여러 방식의 '건축적 산책' 개념이 적용되고 있음을 볼 수 있다. '걷는다'는 행위와 '본다'는 행위가 결합되는 뮤지엄에서는 '어떻게' 걸으며 '무엇을' 보는가가 중요하다. 산책의 장場이 되는 내외부공간 구성과 산책과의 연계를 중심으로 들여다보자.

근대 뮤지엄에서 동선의 중요성

근대적 뮤지엄과 그 이전의 뮤지엄은 '어떻게' 걷게 하며 '무엇을' 보여 주느냐하는 방법론에 따라 확연한 차이가 난다. 1920년대 말 이후 근대 건축정신의 영향

헤이그 시립미술관의 전시공간.(위)
크뢸러뮐러 국립미술관의 전시공간.(아래)

을 받기 전까지, 다른 유형의 건축에서 차용된 역사적 양식 일색의 뮤지엄 건축은 장식적이고 고착된 전시실이나 갤러리의 일렬화에 의한 일방향적인 구성을 가졌다. 1930년대에 들어서야 육면체로 이뤄진 헤이그 시립미술관이나 크뢸러뮐러 국립미술관Rijksmuseum Kröller-Müller, Henry van de Velde, Otterlo, 1935-1938 같은 무장식적이고 흰 전시벽을 가진 뮤지엄들이 등장했다.

앞서 살펴봤던 르 코르뷔지에나 라이트 같은 근대건축의 거장들이 제시한 뮤지엄 계획안들은 여러 가지 문제점이 있었지만, 건축적 산책의 개념을 중심으로 본다면 후대 건축가들에게 상당한 영감을 줄 만한 요소들을 지니고 있었다. 르 코르뷔지에가 1928년 계획한 세계박물관 계획안에서 시작해 무한성장박물관 계획안을 거쳐, 마침내 지어진 세 미술관에서 '성장하는' 뮤지엄을 꿈꿔 온 것이 그러했다.[64] 라이트가 골든 스트롱 계획안Golden Strong, 1925에서 시작해 그의 사후 완공된 뉴욕 구겐하임 미술관도 마찬가지다. 그들은 과거의 방식에서 벗어나, 연속적이며 가변적이고 융통성있는 공간에서 작품과 함께 건축예술의 백미인 빛과 공간을 보여 주고자 했다. 이를 위해 그들의 주된 관심은 뮤지엄에서의 새로운 동선 탐구에 집중됐다.

이 두 거장의 뮤지엄에서 나타나는 나선형은, 이탈리아 미래주의 화가이자 조각가인 보초니Umberto Boccioni의 작품들, 러시아 구성주의 화가이자 조각가인 타틀린Vladimir Tatlin의 〈제삼인터내셔널 기념탑〉(1920), 헝가리 화가이자 사진가로 바우하우스의 교수였던 모홀리-나기László Moholy-Nagy의 〈니켈로 된 구조물〉(1921)과 〈움직이는 구조물 시스템〉(1922), 〈전기 무대를 위한 조명장치〉(1925) 같은 사례들처럼, 일단의 예술가들과 건축가들에 의해 운동감과 성장의 이미지로 탐구됐다. 나선형은 그 자체에 움직임이 내재돼 있다. 유기적 건축organic architecture[65]을 주장했던 라이트와 '자유로운 평면plan libre'[66]을 주도했던 르 코르뷔지에에게 내부에서의 이동은 뭔가 보여 주는 것을 의미했다.

움직임의 끝없는 공간적 시각적 관계에 의해 활기를 띠는 뉴욕 구겐하임 미술

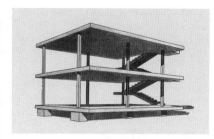

돔이노 구조.

관은 다섯 개 층을 회전하며 내려오는 경사로가 이동과 전시의 장소를 겸한다. 둥근 나선형은 순환하는 모티프에 의해 자유로움과 함께 부드럽고 유동적이며 연속적인 느낌을 준다. 엘리베이터를 타고 올라가 원형 경사로로 내려오면서 곡벽에 걸린 작품과 로톤다식 중앙공간을 감상하게 되는 것이다. 압도적인 중앙공간으로 인해 반대쪽 곡벽에 걸려 있는 작품이 위축되는 단점이 있지만, 폐쇄된 고전적 전시실과는 다른, 한쪽은 기슭이고 또 다른 한쪽은 트인 언덕의 내리막길을 산책하는 기분으로 천천히 돌아 내려오며 작품을 감상할 수 있다.

'건축적 산책'이라는 용어를 본격적으로 사용한 르 코르뷔지에는 돔이노Dom-ino 이론[67]에 입각한 7×7미터 모듈의 기둥–보 시스템을 뮤지엄에 도입하고 가변적인 칸막이를 자유롭게 배치하는, 근대 공간modern space으로서의 전시공간을 실현시켰다.[68] 2층의 전시공간을 떠받치는 필로티 아래를 통해 입구로 들어선 후 중앙의 전시홀을 지나 경사로를 타고 위층의 자유로운 평면에 닿는 과정은 자연광과 함께하는 전형적인 건축적 산책이다.

근대건축의 개혁된 공간개념이 마침내 뮤지엄 건축에 도입된 것이다. 재료와 공

미켈란젤로가 설계한 것으로 알려진 바티칸 미술관의 나선형 계단.

하이 미술관 내부.

간, 빛이라는 건축의 근원적 세 요소[69] 중에서 재료에 치중했던 전통건축에서 벗어나, 공간과 빛이 중요해진 근대건축으로 넘어오면서 뮤지엄에도 변화가 왔다.

두 거장의 뮤지엄에는 실제로 산책하고픈 마음을 불러일으키는 경사로가 있다. 뉴욕 구겐하임 미술관의 경사로는 미켈란젤로Michelangelo B.가 설계한 것으로 알려져 있는 바티칸 미술관 홀의 나선형 경사로에서 유래됐다는 견해가 있다. 이 경사로는 내부적 의미뿐만 아니라 외부적으로도 미술관 자체를 인상적인 예술작품으로 만드는 데 기여했다. 비록 이 개념을 전적으로 수용한 계승자를 배출하지는 못했지만, 경사로가 있는 아트리움이라는 구상은 멕시코시티 신新역사박물관New History Museum, P. R. Vasquez & R. Mijares, Mexico City, 1960, 허시혼 미술관Hirshhorn Museum, S.O.M., Washington D.C., 1974, 하이 미술관, 그르노블 미술관, 게티 센터의 미술관 등의 전시공간이나 입구홀에서 수정 재현됐다.

뉴욕 구겐하임 미술관의 경사로 도입에는 미켈란젤로보다는 르 코르뷔지에의

그르노블 미술관 입구홀.(위)
게티 센터의 미술관 입구홀.(아래)

영향이 더 크게 작용했다. 르 코르뷔지에는 1917년 두 도살장 계획안Abattoirs Frigorifiques, Challuy & Garchizy, 1917-1918에 외부경사로를 적용해, 기능적인 요소들이 미적 연출을 이끌어낼 수 있다는 강한 인상을 심어 줬다. 그 후 그는 모든 공간적 경험을 연속적으로 펼치기 위한, 건물의 동선 시스템을 결합시키는 건축적 산책을 달성하기 위해 라 로슈 주택Maison La Roche, Paris, 1923-1924의 2층 전시실에서부터 시작하여 사부아 주택Villa Savoye, Poissy, 1928-1931 등의 작품에서 경사로 사용을 확대했다. 1920년대 그의 건축적 사고가 총결산된 사부아 주택의 중심부를 차지한 경사로는 1층에서부터 3층 옥상의 일광욕장까지 이어지면서 동선의 연속성을 가시화한다.

오늘날 다수의 현대 뮤지엄에서는 경사로가 계단을 대신한다. 직통 계단은 비상용으로 감춰져 있고,

라 로슈 주택 2층 전시실의 경사로.(위)
사부아 주택의 내외부를 관통하는 경사로.(아래)

눈에 잘 띄는 경사로가 아래층과 위층을 잇는 통로 역할을 한다. 우리가 이 장에서 살펴볼 뮤지엄들도 모두 경사로를 가지고 있다. 이것은 단순히 계단의 대체가 아닌, 건물 개념의 근본적 변화를 의미한다. 경사로를 사용하면 장애인의 진입이 가능해지며, 층간 단절을 피하고 입구홀에서 건물 내부 깊은 곳까지 공간의 연속성을 설정할 수 있게 된다. 경사로는 산책을 권유하며 건물을 깊이 이해하라는 초대이자, 방문을 산책의 즐거움으로 만든다. 특히 르 코르뷔지에는 뮤지엄이 아닌 건축물에서도 건축적 산책에 대한 이론적 실제적 탐구를 계속했다. 이에 대한 강조는 현대건축의 다양한 건축적 경향에 따라 의식적 또는 무의식적으로 현대 뮤지엄의 필요에 접속됐다. 현대 뮤지엄 건축에 나타나는 건축적 산책을 네 가지 유형으로 구분해 살펴보자.

내부 지향적 산책

건축적 산책의 의도가 겉으로는 잘 드러나지 않거나 극히 자제되었는데도 방문객의 심상 속에 생생하게 느껴지는 곳이 있다. 과시하지 않아 오히려 더 진한 감동으로 다가오는 내부 지향적 산책은 앙리 시리아니가 설계한 아를 고대사박물관과 제일차세계대전 역사관에서 두드러진다.

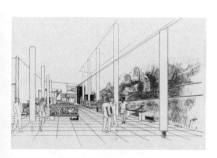

아를 고대사박물관의 마지막 상설전시공간인
'석관(石棺)의 길'을 위한 시리아니의 투시도.

시리아니는 건축적 산책을 연속적인 '특별한 시점들les points de vue privilégiés의 접합'[70]으로 이해한다. 주 동선에서 가장 중요한 시점들을 선택하고 그곳의 공간성을 집중적으로 연구하여 연결함으로써 좋은 공간이 차례로 전개되는 건축적 볼거리를 제공하는 것이다. 그래서 그는 학교에서 건축설계를 강의할 때 학생들에게 항상 투시도를 그리면서 공간을 수정하라고 요구한다. 계획을 완료한 후 결과물

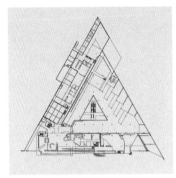

아를 고대사박물관의 1층 평면도.

을 멋있게 보여 주기 위해 뒤늦게 투시도를 그려서는 안 된다고 강조한다. 단면을 고려한 평면이 잡히면 즉시 내부투시도를 그려 공간성을 확인하고, 미흡한 점이 있으면 평면과 단면을 수정하는 작업방식을 몸에 배게 하라는 뜻이다. 지미집Jimmy Jib을 타고 높이와 각도가 시시각각 변하는 현란한 광경을 찍는 게 아니라, 실제 사람의 눈높이에서 움직임의 속도에 맞춰 공간을 확인하는 습관을 익히라고 권한다. 시리아니에게 몇 년간 강의를 들으며 메모해 온 건축가 보두앵Laurent Beaudouin, 1955- 은 자신의 스케치와 건축단상을 담은 『느림의 건축을 위하여Pour une architecture lente』라는 에세이를 통해 이런 자세를 섬세하고도 감성적으로 표현하기도 했다.[71]

그린 날짜가 일일이 메모된, 시리아니가 남긴 수많은 스케치에서도 그가 이런 작업방식을 얼마나 철저히 준수했는지를 알 수 있다. 그는 만족스런 결과가 나오지 않을 때에는 몇 달간, 때로는 해를 넘겨 가며 손수 여러 개의 투시도를 그려 실

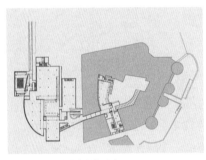

제일차세계대전 역사관의 2층 평면도.

제로 어떻게 보일지를 확인하며 끊임없이 도면을 수정했다. 그리고 어렵게 답을 찾으면 "바로 이거야!C'est ça!"라는 메모와 함께 비로소 그에 따라 건물을 짓기 시작했다.

앞서 거론된 바와 같이 시리아니는 뮤지엄 건축에서 해결해야 할 세 가지 과제로 입구홀, 빛, 동선을 꼽는데, 그 중 동선을 가장 중요하게 여긴다. 그는 나의 건축대학 졸업설계작품인 세잔 미술관을 지도할 때 뮤지엄에서의 동선을 강조하면서, "신이여 용서하소서!"라며 성호를 긋는 시늉을 했다. 자연의 선물인 자연광을 매우 중시하고 연구를 거듭해 왔지만 뮤지엄에서만큼은 동선이 더 중요하다는 것을 몸짓으로 보인 것이다.

내부 지향적 산책을 특징으로 하는 시리아니의 뮤지엄들은 내부에서 외부로의 시선이 매우 제한되어 있어, 방문객은 그만큼 내부에 더 집중하게 된다. 정삼각형 평면인 아를 고대사박물관의 세 입면 중 '과학구역'과 '문화구역'이 길게 배치된 두 면은 완전히 닫혀 있다. 주 전시공간이 위치한 론 강을 향한 입면은 창으로 개방되어 있지만, 각종 전시대가 놓여 가려지기도 하고 창 너머에는 천천히 흐르는

아를 고대사박물관의 첫 전시공간. 좁은 공간이지만 중정에서
들어온 빛이 걸음을 인도한다.(위)
아를 고대사박물관의 대전시공간.(아래)

강과 먼 지평선이 보일 뿐 눈길을 끄는 요소가
없어 밖을 내다보는 것보다 빛을 유입하는 역
할이 더 크다. 안쪽의 대전시공간보다 좁게 칸
막이로 나눠진 부분이어서 창은 공간에 숨통
을 트이게 한다. 제일차세계대전 역사관에서
는 다섯 개의 전시실 중 유일하게 제1전시실의
한 벽 전체가 열려 있지만, 바로 너머에 있는
높고 긴 중세 성벽에 의해 시선은 곧바로 차단
된다. 완전히 닫힌 다른 전시실들은 각각의 연
결부에서 외부에 대해 매우 제한적으로 열려
있다. 반면에 두 뮤지엄 모두 중심부에 여러 전
시공간을 시각적으로 연계해 주는 장치가 있
다. 아를 고대사박물관의 중심을 차지하고 있
는 정삼각형 외부중정과 제일차세계대전 역사
관의 중심부에 위치한 정사각형 초상화실은 산

책의 내부 지향성을 강조하면서 건너편 전시공간과의 연속성을 도모한다.

이러한 내부 지향적 뮤지엄에서는 외부로의 닫힘이 주는 폐쇄성을 어떻게 극복
하느냐가 중요한데, 이때 적극적으로 모색되는 것이 자연광의 다양한 활용이다.
단순한 조명을 넘어 인공물인 실내에 존재하는 자연 요소인 자연광은 내부 지향
적 뮤지엄에서 이동경로를 동반하는 효과가 가장 크다. 아를 고대사박물관의 중

아를 고대사박물관 첫 전시공간의
전시가구. 건축화된 전시대로 동선을
유도한다.

심부에 위치한 외부중정의 세 면은 모두 앞쪽 절반은 벽으로 닫
혀 있고 뒤쪽 절반은 유리가 끼워져 있어 빛이 들어온다. 상대적
으로 좁은 전시공간의 첫 부분과 끝 부분에서 이 중정을 면한 벽
의 열고 닫음을 통해 걸어가야 할 방향을 암시해 주는 것이다. 중
앙부의 넓은 전시공간에는 톱날지붕고측창을 통해 균일하고 풍
부한 빛이 들어온다. 시리아니에 의해 디자인된 전시가구의 형태
와 배치에 의해 동선이 지시됐던 첫번째 전시공간과 달리, 이곳
에서는 자유롭게 거닐며 감상할 수 있다. 채색된 전시가구들은
서로 대조되며, 공간에 리듬을 주고, 동선을 암시한다. 빛 아래에
서 기둥 숲 사이를 산책하듯 숲 속의 휴식처를 연출했다. 자유롭

닫힌 직각
빛에 할애된 면
대각선적 확장

제일차세계대전 역사관의 전시공간 분석도.

게 거닌 뒤에는 상부 고측창을 통해 들어오는 풍부한 빛으로 밝은, 과학구역과 경계를 이루는 전방의 크고 붉은 벽에 의해 가야 할 방향이 지시된다. 이 벽에 붙어 있는 경사로는, 바닥을 밑으로 약간 내린 곳에 전시된 고대 세라믹 장식판들과 붉은 벽에 걸려 있는 고대 건물의 파편 유물들을 가까이에서 잘 볼 수 있게 해 준다. 그 위에 올라선 관람객은 지나온 경로를 다른 높이의 시각에서 다시 한번 되돌아볼 수 있다.

자연으로서의 빛, 동선을 동반하는 빛의 특징을 잘 보여 주는 제일차세계대전 역사관과 같은 내부 지향적 뮤지엄은 내부 공간성이 풍부할 때에 비로소 가치가 있다. 아를 고대사박물관처럼 단순한 형태를 지녔을 경우에는 더욱 그러하다. 이러한 뮤지엄은 내부적으로 유동성, 가변성, 융통성이라는 근대적 공간 특성을 지니면서 형태적으로 분절되지 않은 하나의 건물로 존재한다. 제일차세계대전 역사관의 '개방적 폐쇄공간, 폐쇄적 개방공간' 개념,[72] 공간의 대각선적 확장과 자연광을 이용한 연속체로서의 공간 구성은 별로 넓지 않으며 외부로부터 거의 닫힌 내부에 있다는 사실을 잊게 한다.

내부 지향적 산책이라고 해서 외부와 전혀 무관한 것은 아니다. 오히려 전시품을 감상한 후 외부로 나와 지나온 내부에서의 경로를 확인하며 방문을 마치게 된다. 아를 고대사박물

아를 고대사박물관의 건축적 산책의 종점인 옥상 테라스.

관은 사전 정보가 없다면 이 박물관이 삼각형 평면의 단순한 기하학적 형태를 가졌다는 사실을 알아차리기 힘들다. 전시공간을 거쳐 중정에 있는 계단을 따라 옥상 테라스에 이르면 산책이 끝나는데, 관람객들은 여기서 비로소 자신이 거닐었던 건물이 삼각형임을 확인하고 실내에 빛을 끌어들인 톱날지붕고측창을 이해하게 된다. 그리고 전시품들의 출처이자 아직도 발굴 중인 고대 로마 전차경기장 너머로 펼쳐진 고도시를 바라보며 관람은 마무리된다.

제일차세계대전 역사관은 설계공모전 당시에 중세 때 세워진 페론Péronne 성을 마음대로 활용할 수 있는 자유가 부여됐다. 시리아니는 중세의 성을 진입 마당으로 활용하면서 내벽은 그대로 둔 채 본래부터 비어 있던 성 안의 공간을 활용해 주 출입구와 소규모 레스토랑, 기획전시실과 뮤지엄숍을 두었다. 새로 짓는 본체

제일차세계대전 역사관의 제1전시실. 전창 너머로 포격을 맞은 흔적이 선명한 중세 성벽이 보인다. 자연광은 들이되 원경으로의 시선은 차단됐다.

는 뒤쪽 성벽과 호수 사이에 있는 좁은 땅에 세워 성 앞 진입광장에서는 보이지 않는다.[73] 시리아니는 제일차세계대전 시기에 독일군 본부로 쓰이면서 공격을 받아 폐허가 된 성의 중정을 뮤지엄에 들어서기 전 일상의 번잡함을 잊는 장소로 활용하는 것으로 만족하고 가능한 한 성의 본래 모습을 보존하고자 했다. 방문객은 좁고 깊은 성문을 들어와 작은 규모의 안뜰에 이른다. 성의 내벽을 따라 놓인 경사로처럼 완만한 계단을 올라 뮤지엄의 주입구로 진입한다. 천창으로 상부를 모두 열어 쏟아진 빛으로 밝고 가벼운 현대적 통로가 된 두꺼운 성벽을 지나면 곧바로 전시공간이 위치한 새 건물의 2층 안내 데스크 앞에 도착한다. 새로 지어진 뮤지엄이 어떻게 생겼는지도 모른 채 안으로 들어서게 되는 것이다. 입구홀과 전시공간 내에서도 외부로의 조망은 극도로 제한되며, 방문객은 자연광과 공간의 열림과 닫힘, 공간적 확장에 따라 유도된다.

　방문객들은 전시를 다 보고 아래층의 카페테리아로 내려가서야 비로소 필로티에 의해 들려진 전시실 아래에, 파노라마로 펼쳐지는 호수를 확인하게 된다. 사실 방문객들은 전시공간에서의 행로에서 제한된 틈을 통해 이 호수를 두 번 먼저 보게 된다. 첫번째는 제2전시실과 제3전시실 사이에 위치해 제일차세계대전 당시의

제일차세계대전 역사관의 제2전시실과 제3전시실 사이로 보이는, 제한된 외부 풍경.

기록필름을 계속 상영하는 시청각실에서다. 안으로 들어서면 맞은편 모서리에서 유입되는 빛을 통해 방문객은 자신이 물 위에 서 있음을 알게 된다. 호수 위에 돌출된 시청각실 모서리의 외벽을 그대로 두고 내부만 파냈기 때문에 보이는 것은 아래위로 물과 하늘뿐이다. 바람에 일렁이는 호수에 반사된 빛이 어두운 시청각실의 천장에 어른거린다. 시청각실을 나와 제3전시실로 가는 길인 제2전시실과 제3전시실 사이의 벌어진 틈에서 다시 수면을 보게 된다. 이때도 앞쪽은 벽으로 막혀 있어 원경은 차단되고, 위로는 하늘이, 아래로는 호수가 시야에 들어온다.

　아름다운 외부 풍경이 자칫 제일차세계대전이라는 비극을 되새기는 데 방해가 되지 않도록 하고 싶었을 것이다. 관람객들은

호수 건너편에서 본 제일차세계대전 역사관.

밖으로 나와 호수 건너편에 가서야 수평으로 들린 백색 콘크리트의 역사관 전체
를 바라볼 수 있다.

　시리아니는 자신의 건축이 (직접적인 표현만을 인지할 수 있는) 바쁜 사람들을
위한 것이 아니라고 말한다. 그 결과인 내부 지향적 산책은 건축가의 의도를 극도
로 자제한 채 과시적이지 않은 내부공간의 풍요함을 중시하여 수용자의 상상, 감
정, 행위를 더욱 자극한다. 시리아니의 뮤지엄들은, 한 작품의 사회적 정치적 작
용은 그 의도가 노골적으로 드러나지 않으면 않을수록, 동의를 덜 구할수록 더 강
하다는 헝가리 예술사가 아르놀트 하우저Arnold Hauser의 주장[74]을 증명한다.

내외부 교차 산책

내부공간을 집중적으로 경험하는 내부 지향적 산책과 달리 외부로의 조망을 적절
히 이용해 이동 중에 내부와 외부를 번갈아 느끼게 하는 경우가 있다. 이 방식은
같은 층에서는 전시공간 사이를 띄워 이동할 때 외부를 조망하게 하고, 다른 층으
로 오르내릴 때 한 면이 외부를 면한 경사로를 지나면서 밖을 보도록 한다. 이동
하면서 내부와 외부를 차례로 접하게 하는 것이다. 이때는 내부 이동로가 외부에

노출되므로, 밖에서 봤을 때 뮤지엄이 건축적 산책을 적극 권유하고 있음을 알 수 있다. 이러한 내외부 교차 산책의 대표적인 경우로 리처드 마이어의 수공예박물관이 있다.

마이어의 건축 어휘들은 건축 유형에 상관없이 유사해, 그의 건물들은 겉모습만으로는 용도가 뭔지 분간하기 어렵다. 하지만 그의 뮤지엄들은 그가 설계한 다른 유형의 건물들과 구별되는 특징을 갖고 있다. 경사로를 전진배치해 그곳이 건축적 산책의 장소임을 공표하는 것이다. 그의 건물 중 앞면에 경사로가 있으면 거의 뮤지엄이라고 봐도 무리가 없을 정도다. 그가 설계한 하이 미술관과 바르셀로나 현대미술관, 건설되지는 않고 계획으로만 제시됐던 인류학 뮤지엄Frankfurt, 1989-1994에도 정면에 경사로가 있다. 텔레비전과 라디오 박물관Museum of Television & Radio, Beverly Hills, 1994-1996에서는 경사로를 둘 만큼 공간이 충분치 않아 그 대신 매우 완만한 계단을 두었는데, 밖에서는 경사로처럼 보인다. 나의 이런 관찰은 건축이론가이자 비평가인 케네스 프램턴Kenneth Frampton의 언급에서도 확인된다. 그는 유리에 싸인 경사로로 인해 입면이 동선의 역동적 과시로 전환됐으며 건물의 대중적 신분을 동시에 표현한다고 설명했다.[75]

마이어가 설계한 뮤지엄들의 경사로를 오르내리며 외부를 조망하는 방법은 다

프랑크푸르트 수공예박물관.(위)
텔레비전과 라디오박물관.(아래)

양하다. 바르셀로나 현대미술관의 경우 경사로참에서 방향이 바뀌며 3층까지 경사로의 외부 쪽을 거닐 때는 외부를, 내부 쪽을 거닐 때는 내부를 주로 보게 된다. 텔레비전과 라디오 박물관에서는 한 번 꺾여 2층으로 오르는 경사로의 가운데 부분에 두꺼운 칸막이가 설치되어 있지만, 오르내릴 때 두 개의 개구부를 통해 위치에 따라 한쪽씩만 보도록 내부와 외부로의 조망이 나뉘어 있다. 하이 미술관의 지상 네 개 층을 잇는 사분의 일 원형 경사로는 주로 내부의 중심홀을 감상하는 내부 지향성이 강하지만, 동시에 외벽에 뚫린 창들을 통해 외부도 볼 수 있다. 지하 1층에서 지상 3층까지를 잇는 독립된 경사로 홀이 있는 수공예박물관은 바르셀로나 현대미술관처럼 경사로를 오르내리면서 안쪽 경사

프랑크푸르트 수공예박물관의 여러 공간들. 두번째 동(위 왼쪽)과 세번째 동(위 오른쪽)의 전시공간, 메를러 저택 내의 전시공간(아래 왼쪽), 신축동과 메를러 저택을 잇는 다리(아래 오른쪽).

로에서는 여러 개구부를 통해 전시실 내부를, 바깥쪽 경사로에서는 전면 유리를 통해 외부를 바라볼 수 있다.

수공예박물관은 기존의 메를러 저택이 지닌 기하학적 구조를 그대로 확대 적용했다. 세 개의 신축동과 하나의 기존 빌라를 차례로 걷는 것이다. 이때 사각형의 전시실들 그리고 동과 동 사이를 잇는 주 통로(전시실들과는 3.5도 어긋나게 배치됨), 이 둘의 관계로 인해 방문이 진행될수록 공간은 조금씩 더 자유로워진다. 첫번째 동과 두번째 동의 공간구획방식은 유사하지만, 전시방법의 차이로 두번째 동에서의 동선이 더 자유롭다. 현대 뮤지엄에서 드물게 측창이 성공적으로 적용된 사례로 거론했던 2층 전시공간의 첫번째 동에서는 용의주도하게 배치된 진열장 안에 소규모 오브제들이 전시되어 있다. 반면 두번째 동에서는 규모가 큰 가구들이 동선을 감안하며 여기저기 놓여 있다. 전시구획이 앞의 두 동과 다른 세번째 동에서는 동선이 좀 더

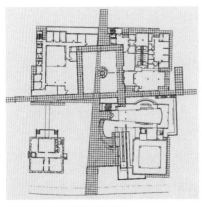

프랑크푸르트 수공예박물관 1층 평면도.

프랑크푸르트 수공예박물관 입구홀의 큰 창을 통해 보이는, 정원의 분수 조형물.

여유롭게 이완된다. 방문객은 이곳을 지나 새 건물과 메틀러 저택을 잇는 다리를 건너게 되며, 다시 꽉 조이는 과거의 정육면체 공간으로 들어간다. 3층 전시공간에서도 마찬가지의 공간성 변화를 경험하게 된다. 네 동은 모두 양옆이 전면 유리로 된 다리로 연결돼 있어서, 이곳을 통과할 때는 외부만 바라보게 된다. 이 죄어진 공간에서 느슨한 공간으로의 이행과 전방 도로를 따라 3.5도 회전한 격자는 순회하는 관찰자에 의해 감각적으로, 지적知的으로 지각된다.

　내부에 있는 방문객이 순로를 따라 이동하며 순차적으로 내부와 외부를 경험하다 보면 어느새 둘 사이의 경계를 잊게 된다. 내외부를 경계 짓는 유리 외피는 더 이상 단절적이지 않다. 안에서 밖을 내다보게 돼 있기 때문에 여기서는 외부 장면 scene이 중요하다. 내부 지향적 이동과 다른 점은 안에서 외부를 파악할 수 있다는 것이다. 입구홀에 들어서자마자 눈앞의 큰 창을 통해 보이도록 정원에 분수대 조형물을 둔 것이나 건물 사이의 중정에 눈길을 끄는 건축적 조형물을 놓은 것은 내부에서 보이는 외부를 고려한 것이다.

내외부 분리 산책

내부와 외부에서의 산책이 독립적으로 수행되는 경우로는 한스 홀라인이 설계한 압타이베르크 미술관이 있다. 이런 뮤지엄은 일단 안으로 들어오면 다 보고 나갈 때까지 내부에 집중하도록 외부로의 시선이 최대한 제한된 채 다양한 내부공간이 차례로 전개된다. 또 외부에서는 내부와 무관하게 별도의 완성도 있는 산책을 누릴 수 있다.

건물의 유형으로나 미술관으로서의 분위기 면에서 전통적 개념을 바꾼[76] 이 미술관에 적용된 내외부 분리 산책은 미술관 건물을 잠재적 종합예술작품이라고 여기는 발주자와 건축을 예술로 여기는 건축가의 일치된 관점 덕분이었다.[77] 그들은 미술관이 시각적 경험의 가장 다양한 형태가 집약되는 집합점이기에 중성적 용기 容器가 아닌 다른 어떤 것이 되어야 한다고 여겼다. 종합예술작품인 미술관은 그 안에 각각의 예술작품이 가능한 한 긴밀하게 통합되는 거대한 시나리오가 되어야 한다는 것이다.

이러한 일치된 견해를 바탕으로 건축가는 높낮이의 변화가 많은 지형을 감안한 외부 보행로 연결과 주변 건물들의 서로 다른 규모와 성격에 주목했다. 미술관은 전체가 연결된 하나의 구조물이지만 별도의 여러 건물들이 집합된 연속물처럼 보이기도 한다. 한 덩어리이면서도 분절된 것처럼 보이는 외관은 각 부분의 상이한 형태와 다양한 재료 사용으로 강조됐다. 등고선을 따라 물결치는 벽돌 화단, 미술관 일부의 옥상 테라스와 임시전시실 및 행정탑을 덮은 바둑판 무늬의 노란 돌, 행정탑의 허물어진 모서리를 감싼 외장재로 햇빛에 반짝이는 바로크식 커튼월, 티탄을 함유한 함석이 씌워진 상설전시실의 회색 톱날지붕고측창, 합리적 기술의 흔적인 알루미늄판의 입면, 이 뒤얽힌 전체의 무게중심이 되기를 원하는 백색 대리석의 작은 신전과 같은 입구 등에서 재료와 볼륨의 콜라주를 볼 수

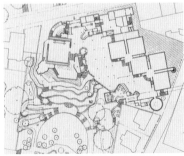

압타이베르크 미술관과 주변 스케치. 주변 건물들의 규모와 어울리도록 미술관이 분절되게 보이려고 노력한 흔적이 엿보인다.(위)
압타이베르크 미술관 1층 평면도.(아래)

압타이베르크 미술관을 낮은 공원 쪽에서 올려다본 모습(위)과 미술관 옥상 테라스(아래). 좌측이 행정탑이다.

있다.

이 미술관은 르네상스 시대 건축가인 알베르티L. B. Alberti, 1404-1472나 팔라디오A. Palladio, 1508-1580가 선택한 '도시 같은 빌라'의 개념을 보여 준다. 팔라디오의 저서 『건축사서建築四書, Quattro libri dell'architettura』(1570)에 언급된 이상적 빌라에 합당한, 다양하게 조합된 건물들에 의해 풍부하게 형성된 복합체를 제안한 것이다. 독립적인 건물을 향한 기능주의적 접근을 거부하고, 도시적 구성 관점에서 볼 때 큰 건물에서 분절된 것처럼 보이지만 아랫부분에서는 하나로 연결돼 있는 것이다. 1966년 초에 이미 산책하는 건물을 제안했던 홀라인은 언덕을 지그재그로 올라오도록 고안한 산책로를 미술관의 옥상 테라스까지 연장시켜 아래의 공원과 미술관을 통합시켰다.

이 미술관 내부에서의 건축적 산책은 홀라인 건축의 특징인 이원적 공간 구성[78]을 통해 드러난다. 규정된 공간과 자유로운 공간으로 복합 구성된 내부에서 합리적으로 정의된 '지성적 과정의 본질'과 비합리적 상상적 낭만적 근원을 가지는 '직관적 충동의 본질' 사이의 투쟁을 볼 수 있다.

뮤지엄의 중심부에 있는 주 갤러리는 필요 시 이동 가능한 칸막이를 이용해 다양하게 공간을 변용할 수 있다. 전시공간 중 이곳에서만 외부로의 조망이 가능하다. 주 갤러리의 양옆에는 분절된 방들의 조합으로 구성된 전시실들이 자리잡았

압타이베르크 미술관 중심부의 넓고 자유로운 전시공간.

다. 주 갤러리의 서쪽인 주 출입구 쪽은 비정형의 전시실들이며 동쪽은 네 잎 클로버처럼 배치된, 한 변이 10미터인 정사각형 전시실들이다. 서로 다른 성격을 차례로 배열함으로써 방문객은 다양한 공간 경험을 하게 된다. '비정형의 규정된 전시실들 → 넓고 자유로운 공간 → 정형의 규정된 전시실들'이 순차적으로 나타나는 것이다. 각기 다른 성격의 전시공간으로 넘어가는 길목은 매우 좁아지면서 계단

압타이베르크 미술관의 곧은 벽으로 규정된 비정형 전시실. 작은 개구부 쪽으로 나 있는 좁은 복도를 통해 다음 전시 공간으로 내려간다.

으로 되어 있어 마치 좁은 언덕길 골목을 지나 이웃집에 가는 기분이 들게 한다. 1 층의 바닥 높이는 경사진 언덕의 지면 높이 차를 그대로 반영하고 있어 세 공간의 성격을 더욱 두드러지게 한다. 이웃 전시실로 넘어가는 통로를 좁게 하여 주의를 환기시키는 방법은 그가 설계한 프랑크푸르트 근대미술관에도 그대로 나타난다.

전시공간의 형태 혼용과 함께 조명법도 달라진다. 자연광과 인공광의 혼합은 미술관 전체를 통해 성격과 밝기에서 변화된다. 작은 원형 방을 포함하여 조각 전시를 위한 곡벽을 가진 세 전시실에는 원형 천창을 통해 제한된 자연광이 들어온다. 편평한 벽을 가진 비정형의 방들은 벽을 따라 난 톱날지붕 천창을 통해 들어오는 자연광을 받는다. 자연광을 받는 최상층을 제외한 두 개 층의 정사각형 방들과 대부분의 주 갤러리들에는 인공조명이 사용된다. 정사각형 방들의 조명은 특히 어두워 주 갤러리의 인공조명과도 구별된다.

내부에 적용된 색도 이원적이다. 자체의 색을 지닌 그림이나 조각이 놓이는 전시공간에서는 벽과 천장이 모두 백색이다. 그러나 예술작품과 떨어져 있는 곳─회의실, 영상실, 교실 등─에서는 색채가 풍부하다.

이러한 이원적 공간 처리를 통해 공간의 형태와 크기, 빛의 변화, 다양한 형태의 계단으로 연결되는 각 전시실의 바닥 높이 차이, 색의 이원화 등이 서로 다른 성격의 공간을 순차적으로 제공하여 마치 여러 건물의 내부를 걷는 느낌을 준다.

외부 지향적 산책

외부 산책에 가치를 두고 역량을 집중한 뮤지엄들은 내부에서는 별다른 자극 없이 전시품만 보도록 하는 데 만족한다. 대표적 예가 제임스 스털링의 슈투트가르트 시립미술관 신관이다.

직사각형의 전통적 전시실들이 한 줄로 배치된 이 미술관의 전시공간에서는 산책의 의미가 퇴색됐다. 전시공간에서 산책 개념을 배제하려는 의지는, 입구홀에서 첫 전시실로 올라가는 경사로에서 이미 감지된다. 좌우가 벽으로 막힌 경사진 복도 시작부터 한쪽 방향으로 이동하기를 강요한다. 경사로는 계단에 비해 훨씬 넓은 면적을 차지하기 때문에 일반적으로 오르내릴 때 내부나 외부를 향해 뭔가 볼거리를 제공하는데, 여기서는 그 기본 공식을 의도적으로 지키지 않았다.

한 줄로 늘어선 전시실들에는, 미술관 중심부에 위치한 원형의 외부 로톤다를 내려다볼 수 있는 테라스로 나가는, 유리문이 있다. 이 문들은 보안과 안전 때문에 대부분 잠겨 있다. 넓은 테라스는 외부 조각전시공간으로 쓰일 수 있을 텐데, 아무런 전시물도 없다. 측창도 빛 때문에 대부분 커튼으로 닫혀 있어서, 한두 번 테라스를 향한 창가에 눈길을 주었다가도 다시 감상에 집중하며 앞으로 나아가게 된다. 원형의 외부 중정을 향한 이 개구부들은 대신 밖으로 호기심을 갖게 한다. 외부 산책에 대한 기대를 축적시키는 것이다.

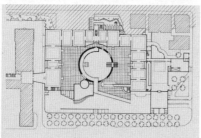

슈투트가르트 시립미술관 신관 상설전시실(위)과 신관 3층 전시층의 평면도(아래).

이 미술관의 성공은 도시적 조경에 있다. 미술관 앞의 도로는 후면 도로보다 6미터 낮다. 현상설계를 위한 지침서에는, 이러한 대지 상황에서 주민들이 새로 들어선 미술관을 돌아가지 않고 중심부를 관통해 지나갈 수 있게 할 것, 앞 도로 레벨인 지층에 주차장을 확보하고 미술관 전체를 주차장 위에

올릴 것 등의 까다로운 요구가 들어 있었다. 이러한 지침은 놀랍게도, 스털링이 이 미술관을 설계하기 이 년 전인 1975년 설계공모전에 두 번 출품했으나 모두 낙선한 쾰른의 루트비히 미술관과 뒤셀도르프의 노르트라인베스트팔리아 미술관Museum Northrhine-Westphalia을 위한 설계지침서의 요구사항과 일치했다. 이 두 낙선안이 슈투트가르트 시립미술관 신관을 구체적으로 예견한 셈이다.[79] 두 낙선안에 공통적으로 등장하는 공용 통과로로서의 대지, 들어 올린 광장, 원형의 조각정원, 주 입구홀의 굽이치는 유리벽 등 도시적 조경을 위한 아이디어가 더욱 성숙하게 적용된 것이다.[80]

이렇게 노르트라인베스트팔리아 미술관 설계 공모전 지침서에서도 슈투트가르트에서와 마찬가지로 주변 사람들이 새로 지어질 미술관을 멀리 돌아서 다니지 않고 뮤지엄 대지를 관통해 지나갈 수 있도록 배려하라는 것과 도시의 주차난을 완화하기 위해 지하의 두 개 층과 지상 1층 전체를 공용주차장에 할애할 것을 요구했다. 슈투트가르트에서도 지상 1층 전체를 주차장에 할애하고 그 위에 미술관이 얹혀졌다. 그 결과

슈투트가르트 시립미술관 신관의 주 출입구(위)와 신관 2층 테라스에서 지붕 없는 로톤다로 올라가는 경사로(가운데), 그리고 신관의 지붕 없는 로톤다(아래).

얻어진, 지면에서 한 층 들린 광장은 교통량이 많은 복잡한 도심의 넓은 도로와 이격된 앞마당을 형성해 외부적 산책을 여유롭게 한다.

보행자를 위한 산책로로 이 미술관을 특징짓는 외부 경사로는 전면 대로에서 주 입구가 있는 광장으로 올라가고, 미술관 중심에 위치한 원형 조각정원을 감아 올라가 대지 뒤편 도로까지 연결되며, 단지 통과의 장소가 아닌 머무르며 정담도 나눌 수 있는 곳이다. 미술관 중심부에 위치한 지붕 없는 외부 원형 로톤다는 미술관 방문객들뿐만 아니라 지역 주민들에게도 친근하다. 내부를 통하지 않아도 되므로 평소에도 주민들이 쉽게 들르게 되고, 그러다 보면 입장료가 없는 미술관 내

부도 자주 찾게 된다. 원형 로톤다는, 입구홀을 통해 갈 수도 있고, 전시실에서도 내다볼 수 있으며, 관람 후 밖으로 나와 외부 경사로를 통해 다다를 수 있다. 관람 후 휴식을 취하는 레스토랑의 주 출입구가 이 경사로의 출발점 가까이에 있어 접근성도 높다. "건축 계획안은 사용자의 요구를 해결하면서 도시적 대응을 하게 되는데, 특히 모든 공공건물은 발주자를 만족시키면서 도시에 기여해야 한다"[81]는 건축가의 의지로 인해 확장 개관된 이곳의 외부적 산책은 이 미술관을 오랫동안 독일에서 가장 인기 있는 미술관이 되게 했다.

외부적 산책으로 이끌려는 의도는 미술관의 전체 이미지를 좌우하는 외부 경사로와 원형 로톤다의 산책 유도 요소들뿐만 아니라 좀 더 세부적인 처리에서도 드러난다. "대지, 사용자의 요구, 비용, 기술 등과의 타협은 건축의 본질이다"[82]라는 건축가의 생각은 이 뮤지엄의 수많은 역사적 지역적 참조, 고전적 낭만적 주제와 기술적 대중적 요소들의 혼재를 설명해 준다.[83]

스털링은 미술관 구관의 전면 형상을 참조한 결과, 고전적 형태를 지니게 된 신관의 몸체에 현대적 요소들을 더함으로써 두 양식 간의 긴장을 노렸다. 마치 돌로 쌓은 건물처럼 보이지만 사실은 철근콘크리트 구조에 얇은 석회암과 사암 패널을 번갈아 입힌 외장은 미술관의 고전적인 U자형 배치와 고대 신전 분위기의 로톤다와도 공명한다. 이와 대조적으로 원색으로 칠해진 개구부와 주 출입구 윗부분의 금속 캐노피, 승강기, 분홍색의 굵은 금속 원통 난간 손잡이, 입구홀의 기울어진 채 파동 치는 유리벽의 녹색 프레임 등은 이완의 요소다. 싱켈K. F. Schinkel의 베를린 구舊박물관의 흔적을 보이는 고전적 평면에 기술적 근대주의의 형태언어를 배합한 것이다. 그 결과 돌로 덮여 있고 주 입구가 도로보다 한 층 높은 광장에 위치하고 있지만, 전혀 기념비적이지 않으며, 접근하기 어려운 위압감도 없다.

스털링은 "외부는 대지의 맥락적인 측면을, 내부는 기능적 요구와 구현해야 할 환경을 고려해야 한다. 내부와 외부 사이의 균열에서 긍정적 대답을 줄 수 있고, 대조시킬 수도 있다. 내부와 외부는 마찬가지로 모순되지 않는 방법으로 서로 보완적일 수 있다"[84]고 여겼다. 건물의 내외부에서 일어나는 일이 다르므로 내부가 외부를 반영할 필요가 없고, 특히 특별한 빛을 필요로 하고 전시공간을 위해 벽에 창을 두지 않는 뮤지엄의 경우 더욱 그러하다는 스털링의 소신이 여기서 드러난다. 전시를 위해서는 폐쇄적 성격을 지닌 '보수적인' 방들의 연속이 최적이라는 생각과 도시를 위한 개방적인 조경의 역할을 담당하고자 하는 신념이 이러한 외

건축적 산책 유형	내부 지향적 산책	내외부 교차 산책	내외부 분리 산책	외부 지향적 산책
사례 뮤지엄	아를 고대사박물관, 제일차세계대전 역사관	수공예박물관	압타이베르크 미술관	슈투트가르트 시립미술관 신관
건축적 산책 개념	'특별한 시점'들의 접합.	내외부가 연쇄적으로 교차하면서 전개되는 공간.	내부: 이원적 공간 구성. 외부: 종합예술작품으로서의 뮤지엄.	내부: 고전적 전시공간으로 산책 의도 퇴색. 외부: '도시적 조경'으로 불리는 적극적 산책.
구성적 특징	외부로의 조망이 제한적이나 이로 인해 (내부) 공간적 연속체의 특성이 더욱 부각됨.	단위전시공간 사이를 띄워 이음부에서는 외부를 조망할 수 있으며, 층간은 내외부를 순차적으로 볼 수 있는 경사로 연결됨.	의도적으로 내외부의 연계성을 약화시켜 별도의 적극적 산책을 유도함.	외부에서 많은 역사적 지역적 참조, 고전적 낭만적 주제, 기술적 대중적 요소 들의 혼재로 산책의 즐거움이 배가됨.
과제	폐쇄성 극복.	내부에서 외부로의 조망을 위한 적절한 장치가 필요함.	내부의 기능적 요구와 산책을 유도하는 의도가 외부에서의 산책과 상충되지 않고 조화로워야 함.	내외부공간의 이질성 극복.
과제 해결 방안	자연광의 다양한 활용. '개방적 폐쇄공간, 폐쇄적 개방공간' 개념 활용. 공간의 대각선적 확장.	건축적 조각물, 조형적 분수대 등을 시선이 가는 곳에 배치함.	대지의 주변상황을 이용하여 다양한 방식으로 조합된 건물들에 의해 풍부하게 형성된 복합체를 제안함.	내부는 기능적 요구, 외부는 대지의 문맥을 고려해야 하는 내외부의 서로 다른 역할을 강조하며 상호보완을 유도함.
효과	전시품 감상에 집중. 표면적으로는 산책의 의도가 감춰졌으나 내부 공간의 풍부함은 수용자의 상상, 감정, 행위를 더욱 자극함.	내부의 이동로가 외부에 노출되어 표현적이고 적극적인 산책 의지를 드러냄. 내외부공간의 순차적 지각으로 건축적 시공간을 경험할 수 있음.	내외부 전체가 별도의 산책을 독자적으로 이끌어 다양한 공간체험이 가능함.	외부 공간은 도시에 대한 기여도를 높였으며, 외부 로툰다를 감아 오르는 경사로로 인한 산책 효과의 극대화로 독일에서 방문객이 가장 많은 미술관이 됨.

표 4. 현대 뮤지엄에 나타난 '건축적 산책'의 유형별 특성.

부 지향적 산책을 이룬 것이다.

　20세기 초반 근대건축의 정신이 뮤지엄 건축에 수용되면서 새로운 동선에 대한 연구가 본격화됐고, 마침내 현대 뮤지엄에서 건축적 산책이라고 명명할 수 있을 만큼 공간 체험을 염두에 두기에 이르렀다. 지금까지 다양한 방법으로 제시한 현대 뮤지엄에서의 산책 유형을 내외부공간 구성과의 연계를 중심으로 정리해 보면 다음과 같다.

　먼저 내부 지향적 산책을 추구하는, 외부에 대해 폐쇄적인 시리아니의 뮤지엄들은, 내부로 유입되는 자연광의 적절한 활용과 근대적 공간 특성을 이용한 풍부한 내부 공간성 확보를 통해 방문객에게 동선을 제공한다. 가장 은근하지만 연속체로서의 내부공간을 제공하는 이 산책은 건축을 음미하는 방문객들에게 강한 인상을 심어 준다.

마이어의 뮤지엄들로 대표되는 내외부 교차 산책은 전시공간에서는 내부를, 이동공간에서는 외부를 보게 하는 것으로, 산책의 의도를 외부로 드러낸다. 외부 풍경을 안으로 끌어들임으로써 안과 밖의 연관성을 높이며, 감상 중 휴식과 이완의 순간을 제공한다.

홀라인의 압타이베르크 미술관에서 나타나는 내외부 분리 산책은 내부와 외부가 단절된 채 각각 별도의 산책이 부여된 경우다. 치밀하게 계산된 다양한 크기와 형태의 내부를 포용하고 있는 다채로운 외양은 건축의 도시적 책임을 수행하고 있다.

마지막으로 스털링의 슈투트가르트 시립미술관 신관에서 보이는 외부 지향적 산책은 내부에서 가장 중요한 전시공간을 고전적인 방식으로 일렬 배치해 전통적인 분위기를 자아내는 한편, 외부에서는 자유로운 산책 개념을 적극적으로 적용해 '도시적 조경'으로까지 불리게 됐다. 공공건물로서의 도시적 요구에 대한 대응과 성격이 서로 다른 여러 요소들을 흔쾌히 혼용한 것은 이 유형에 대중성을 부여해 준다.

이처럼 현대 뮤지엄에서는 건축적 산책 개념이 비중있게 반영되고 있다. 뮤지엄은 문화의 대중화를 상징하는 공공건물로서, 더이상 과거에 사로잡힌 죽은 장소가 아니라 거닐고 느끼고 생각하는 생산적 장소가 된 것이다. 여기에 소장품의 성격과 대지의 조건에 적절한 건축적 산책 개념을 도입한다면 공간예술로서의 특성을 더욱 배가시킬 수 있을 것이다.

뮤지엄과 전통

고전적 전시공간의 부활

다시 나타난 고전적 전시공간

어떤 전시환경이 좋은가에 대한 치열한 갑론을박이나 고민은 뮤지엄 전문가들의 몫이다. 건축가들도 최선의 환경 조성을 위해 노력한다. 다양한 견해와 이론이 공존하는 만큼 누구나 동의할 만한 완벽한 방안은 있을 수 없겠지만, 최선을 다해 방안을 강구하다 보니 오늘날의 전시공간은 현대건축의 다양성만큼이나 여러 가지 양태로 나타난다.

여기서 우리의 눈길을 끄는 것은 1930년대 이후 근대건축의 정신이 뮤지엄 건축에 유입되면서 크게 위축됐다가 현대 뮤지엄에 다시 등장하기 시작한 고전적 성격의 전시공간이다. 과거의 건축 특성을 따르는 것은 얼핏 시대착오적인 것으로 보일 수도 있지만 뮤지엄 건축에서만큼은 비교적 잘 수용되는 편이다. 대부분의 방문객은 이러한 과거 회귀적 공간에 별다른 거부감을 느끼지 않을 뿐 아니라 심지어 더 편안함을 느끼기도 한다.

이러한 고전적 전시공간의 부활 현상은, 1970년대 말 이후 나타난 소위 '마지막 세대 뮤지엄'의 주요 특징으로 꼽힐 만큼 뚜렷했다.[85] 이 현상은, 소위 포스트모더니즘이 건축에 밀려들었을 때 그 조류에 휩쓸린 한순간의 유행 정도로 치부될 수 없을 만큼 현대 뮤지엄 건축에 여러 양상으로 전개되고 있다. 건축 자체의 시대적 변천은 물론이고, 전시공간 특유의 성격과 전시공간에 대한 건축가들의 색다른 인식 등 종합적인 관점에서 원인을 찾아야 할 흐름이다.

고전적 전시공간이 재현된 경우에도 전시품의 종류와 전시방법을 전혀 의식하지 않을 수는 없다. 건축가가 건축 형태를 택하거나 전시공간에서 자연채광법을 취하고 동선 방식을 정할 때 스스로 제기한 질문에 답을 찾아야 한 걸음씩 나아갈 수 있듯이, 고전적 전시공간의 재현도 먼저 스스로 납득할 수 있는 논리가 뒷받침

돼야 가능하다. 따라서 전시장소의 공간적 성격이 어떤가를 파악하며 그 안에 전시된 품목들의 특성과 전시방법을 함께 비교해 보는 재미도 쏠쏠하다. 이제 이러한 현상의 배경을 살펴보고, 현대 뮤지엄들을 세부적 유형으로 나누어 고찰하면서 오늘날에 재현된 고전적 전시공간의 특성을 정리해 보자.

고전성의 의미

먼저 전시공간에서의 고전성이란 무엇인지를 규정하고 시작하자. 이는 이어서 살펴볼 고전적 전시공간의 특성을 정리하고 분석 대상 뮤지엄들을 선정하는 근거를 마련하기 위해서이다.

고전주의classicism를 한마디로 정의하기란 쉽지 않다. 폴란드의 미학자 타타르키비츠W. Tatarkiewicz는 '고전적'이라는 표현의 의미를 여섯 가지로 제시하면서 포괄적인 정리를 시도했다. 그것은 시나 예술의 경우 탁월하고 겨룰 만한 가치가 있으며 널리 인식됐다는 것과 동일한 의미, '고대의'와 같은 의미, 고대의 모델을 모방해 닮았다는 의미, 예술과 문학이 의무적인 규칙에 순응한다는 의미, 이미 확립된, 표준의, 인정된, 규범적인 등과 같은 의미, 조화, 절제, 균형, 근엄 등과 같은 성질을 소유한다는 의미다.[86] 이 정의에 따르면, '고전적'이라는 개념은 어느 특정 시기를 지칭하는 역사적인 개념일 수도 있고, 시대를 초월하여 내재된 가치를 존중하는 경우를 지칭하기도 한다.

건축에서는, 넓게 보면 타타르키비츠의 분류 중 두번째부터 여섯번째까지가 모두 해당될 수 있다. 더 구체적으로는, 건립시기를 불문하고 고대 그리스나 로마 건축을 직간접적으로 참조한 경우나 플라톤적인 '고귀한 단순과 고요한 위대edle Einfalt und stille Grösse'[87]를 추구할 때 고전적이라고 한다. 외형적 정신적 참조를 두루 포괄한 것이다. 영국 건축사가 섬머슨John Summerson은 그의 저서 『건축의 고전 언어The Classical Language of Architecture』에서 전자의 경우를 강조했다. 그는 건축에서 고전성을 고대 그리스와 로마 시대의 장식적 요소들에서 직간접으로 따온, 특히 고대의 오더order of architecture에 대한 어떤 인유引喩를 포함하고 있으며 비례 추구를 통해 구조물 전체에 걸친 조화를 중시하는 것이라고 명시했다.[88] 고전 사원이나 르네상스 궁전 또는 중세 교회 같은 유형의 건축에서 차용한 역사적 양식 일색이었던 뮤지엄 건축[89]은, 1930년대 중반에 들어서야 비로소 모습을 갖춰 갔기에 다른 건축 유형보다 더 늦게까지 고전성에 머물러 있었다.

여기서는 외형적으로 고전적 특성을 지닌 뮤지엄의 전시공간에서 나타나는 내면적 고전성에 주목한다. 고전적 전시공간의 특성은 근대적 전시공간과의 대비를 통해 더욱 극명하게 분별된다.

근대적 전시공간이 개방적이고 연속적이며 융통성이 있는 반면에 고전적 전시공간의 각 전시실은 폐쇄적이고 단락적段落的이며 고착적이다. 전시실의 네 모서리는 굳건히 보존되어 독립성이 강하며, 이웃한 전시실과는 주로 벽 가운데에 위치한 개구부를 통해서 연결된다. 각 전시실은 필요에 따라 이동이 가능한 칸막이가 아니라 튼튼하게 고정된 벽으로 나뉜다. 근대적 뮤지엄의 경우 전시실이 다방향적이지만 고전적 전시공간의 각 전시실은 일렬로 연결되어 일방향적이거나, 여러 열로 배치된 경우 종적 횡적으로 개구부가 있어 미로처럼 나타나기도 한다. 근대적 전시공간이 장식이 없고 흰색 위주인 데 비해, 고전적 전시공간은 흔히 장식적이며, 벽이 채색되기도 한다. 특히 출입구나 창문과 같은 개구부 주위와 벽과 천장이 만나는 부분에 장식이 집중된다.

고전적 전시공간 재현의 몇 가지 배경

현대 뮤지엄 건축에서 고전적 전시공간이 다시 적용될 수 있었던 까닭을 다음의 네 가지 시각으로 조명해 볼 수 있겠다.

역사적 도시환경과 현존하는 고전적 뮤지엄

먼저, 유럽 국가들에서 두드러지게 나타나는 현상으로, 다수의 역사적 건물들이 빚어낸 고색창연한 도시환경이 오늘날의 첨단 사회와 별다른 갈등 없이 잘 어우러지고 있음을 주목할 수 있다. 현대인들이 지난 시대의 건축에 아무런 이질감도 느끼지 않는다는 말이다. 시간과 기억이 함축된 장소에서 편안함을 느끼는 인간의 본능은, 심지어 일부 현대 건축물에 대해 부정적인 태도마저 갖게 한다. 프랑스인 중 상당수가 오늘날 파리의 자랑거리인 퐁피두센터나 고층 건물들이 밀집해 있는 파리 외곽 라 데팡스La Défence의 신시가지를 혐오한다. 건축에 조예가 있다는 영국의 찰스 황태자는 런던에 있는 로이드보험회사 사옥을 사재를 들여서라도 허물고 싶어 했다.

뷔시–라뷔탱의 초상화 캐비닛.

이런 반응은, 건축이나 도시가 기능성이나 전위성만을 우선할 수 없는 사회적 문화적 기억의 적층물이기 때문이다. 명쾌한 논리 아래 건설된 위생적이고 편리한 신도시의 삭막함과 기술적 이미지가 과시된 환경의 생경함보다는, 어느 정도의 불편을 감내하더라도 구도시에서 느껴지는 누적된 삶의 흔적에 더 안심이 되고 마음이 끌리는 것이다. 이와 같이 대중의 마음속에 잠재된 과거에 대한 친밀감은 그 무엇보다 근원적인 호소력을 지닌다.

이와 더불어, 이전 시대의 뮤지엄들이 현재까지 무리 없이 역할을 다하고 있는 데서도 고전적 전시환경이 현대에 다시 사용될 수 있는 가능성을 찾을 수 있다. 유럽에 현존하는, 20세기 초반까지 건설된 뮤지엄 대다수가 여기에 속한다. 즉 공공성이 강하고 방향성이 있으며 연속적인 조망이 가능한 갤러리gallery나 사적이고 정적이며 독립적인 캐비닛cabinet으로 구성된 전시공간이 여전히 역사적 건물로서의 가치를 인정받으면서 과거의 유물에 어울리는 장소를 제공하고 있는 것이다. 근대건축의 전위대들은 이러한 공간이 가변성과 유동성이 결핍되어 있고 장식에도 문제점이 있다며 비판했다. 베르사유Versailles 궁의 유리갤러리la Galerie des Glaces, 뷔시–라뷔탱Bussy-Rabutin의 초상화 캐비닛 및 보르가르Beauregard 성의 캐비닛 등은 근

빅토리아 앨버트 미술관.

대주의자들의 눈에는 사치스럽고 지나치게 장식적이지만, 일반인들에게는 여전히 부러울 만큼 아름다운 곳으로 인정과 사랑을 받는다. 19세기 프랑스 합리주의 영향하에 처음부터 뮤지엄으로 계획된 뮌헨 조각미술관과 회화갤러리, 베를린 구박물관과 런던의 덜위치 미술관, 빅토리아 앨버트 미술관Victoria and Albert Museum, Francis Fowke, London, 1859 [90]을 비롯한 많은 과거의 뮤지엄들에 방문객의 발길이 끊이지 않는 것은 매력적인 전시품 때문만이 아니라 현대인의 내면에 과거의 공간이 자연스럽게 수용되고 있음을 방증한다.

뮤지엄으로 변용된 고전적 건축물

본래는 뮤지엄 용도가 아니었으나 뮤지엄으로 사용되면서 고전적 내부공간이 그대로 전시공간이 된 다수의 건물들도 오늘날 고전적 전시공간이 재현되는 데 적잖은 영향을 끼쳤다. 여러 유형의 고전적 건물들이 뮤지엄으로 탈바꿈됐는데, 궁정이나 대저택이 대표적이다. 그 외에도 공장이나 창고, 성당, 수도원, 기차역, 세관 건물, 심지어 도살장과 군사 요새까지 뮤지엄이 되어 고전건축의 공간성이 현대 뮤지엄에 자연스럽게 접목됐다.

일부만 언급하자면, 뮤지엄으로 전환되기 전의 용도가 궁전이나 대저택이었던 경우는 루브르 박물관, 티센보르네미서 재단 미술관Fundación Thyssen-Bornemisza, R. Moneo, Madrid, 1992, 페슈 미술관Palacio Fesch, Ch. Germanaz, Ajaccio, 1980-1990, 카탈로뉴 미술관 Catalogne Art Museum, G. Aulenti, Barcelona, 1985-1990, 파리 국립 피카소 미술관Musée Picasso, R. Simounet, Paris, 1976-1984 등이 있다. 에레미타니 시립미술관Musei Civici Eremitani, Albini/Helg/Piva, Padova, 1985-1997은 수도원을, 오르세 미술관Musée d'Orsay, G. Aulenti, Paris, 1980-1986은 기차역을, 안토니 타피 재단Fondation Antoni Tàpis, Roser Amadó & Lluis Domènech, Barcelona, 1985-1990은 출판사 건물을, 르 마가쟁 국립현대미술센터Le Magasin, P. Bouchain, Grenoble, 1985-1986나 템퍼러리 컨템퍼러리The Temporary Contemporary, F. O. Gehry, LA, 1983. 최근 The Giffen Contemporary at MOCA

파리 국립 피카소 미술관.

에레미타니 시립미술관.

로 이름이 바뀜, 치네티 재단Chinati Foundation, Donald Judd, Marfa, 1979-1986, 데 폰트 현대미술재단De Pont, Benthem Crouwel Architects, Tilburg, 1992, 테이트 갤러리 리버풀Tate Gallery Liverpool, J. Stirling, Liverpool, 1985-1988, 사치 미술관 Saatchi Gallery, Max Gordon, London, 1985과 디아 재단Dia Foundation, Gluckman, New York, 2003은 공장이나 창고 건물을, 보르도 현대미술관CAPC Musée d'Art contemporain, J. Pistre, Bordeaux, 1979-1990은 세관 건물을, 프리부르 미술역 사박물관Musée d'Art et d'Histoire, M. Waeber, Fribourg, 1979-1981은 도살장을, 테이트 모던Tate Gallery of Modern Art, Herzog & de Meuron, London, 1995-2000은 화력발전소를, 카스텔베키오 미술관Castelvecchio Museum, C. Scarpa, Verona, 1957-1978과 카딕스 해양 박물관Musée Maritime, A. Cruz, Cadix, 1987-1989은 군사 요새를 뮤지엄으로 전용했다. 온갖 유형의 과거 건물 이나 산업용 건물이 현대 뮤지엄으로 무리 없이 사용되고 있는 것이다. 이 중 템 퍼러리 컨템퍼러리는, 1984년 로스앤젤레스 올림픽에 맞춰 기획됐던 로스앤젤레 스 현대미술관이 올림픽 개막 전에 준공할 수 없게 되자, 1983년 경찰차들을 세워 두던 두 개의 큰 창고를 올림픽 기간 동안만 현대미술품들을 전시할 장소로 개조 하기 위해 프랭크 게리에게 급히 의뢰한 결과물이다. 게리가 "내가 한 일이라곤 바닥을 청소한 것뿐"[91]이었다고 말할 만큼 최소한의 개입으로 마련된 전시공간이 의외로 작가들과 관람객들의 큰 호응을 얻었다. 그 결과 일시적으로만 사용하려 던 당초 계획과는 달리 올림픽이 끝난 후에도 계속 사용하는 것으로 결정됐고, 이 후 증축까지 된 특이한 이력을 가지고 있다.

템퍼러리 컨템퍼러리.

이러한 용도변경은 역사성이 있는 건물을 단순히 보존하는 데 그치지 않고 적극적으로 재활용해 생 명력을 높이려는 정책과 맞물린다. 잘 활용하는 것 이 가장 좋은 보존법이라는 것이다. 촐리K. Chorley는 1955년 뉴욕의 한 세미나에서 이러한 역사적 보존 의 유일한 목적은 "현재와 미래가 과거로부터 배울 수 있도록 역사의 교훈을 전하는 데 있다"[92]고 말했 다. 뒤솔P. Dussol은 "건물의 수리는 건물을 일하게 할 것이며, 이렇게 건물이 살아 나면 모든 것이 살아난다"고 주장했다.[93] 또 비록 보수에 많은 비용이 들더라도 건

디아 재단. (위)
카스텔베키오 미술관의 전시공간. (아래)

국립현대미술관 덕수궁 석조전 동관(위)과 덕수궁관(아래).

축적 유산을 보존하고 가치를 높이고자 합의된 노력은 큰 이익을 가져다줄 것이라고 강조했다. 이런 관점에서도 뮤지엄은 보존 가치가 있는 건축물을 재활용하는 데 매우 적합한 유형이라 하겠다. 덕분에 관람객은 과거의 공간에서 시대를 넘나드는 작품들을 감상할 수 있는 기회를 누린다. 그 결과 나타나는 전시공간의 공간적 특징은 기존 내부공간의 규모와 성격에 좌우된다.

우리나라의 경우 전통 목조건물은 내부에 전시물을 두어 사람들이 빈번하게 드나들게 하기에는 여러 문제가 발생할 소지가 있으므로 밖에서 보게 하는 정도로 만족해야 한다. 대신 소수의 서양식 신고전주의풍 건물이나 근대 건축물들이 뮤지엄으로 활용되면서 역사를 증언하고 있다. 대한제국의 정궁正宮으로 건립됐다가 국립중앙박물관, 궁중유물전시관, 국립근대미술관으로 활용된 덕수궁德壽宮 석조전石造殿 동관東館, 1900-1910과 1937년 이왕직박물관李王職博物館으로 건립되어 1998년부터 국립현대미술관 덕수궁관으로 사용되는 서관西館은, 비록 우리의 전통 건축물은 아니지만 축적된 시간과 함께 우리 것이 되어 자연스럽게 받아들여진다. 또한 덕수궁의 중심이라 할 수 있는 중화전中和殿 바로 옆에 위치해 접근성도 좋다.

우리 근대사의 영욕을 지고 있는 또 다른 건축물인 구대법원 청사는 전면부만 보존된 채 2002년부터 내부 전체가 서울시립미술관으로 리모델링됐다. 2006년에 등록문화재가 된 이 건물은 그 자체 이상으로 장소가 갖는 역사적 의미가 더 큰 미술관이라 하겠다. 우리나라 최초의 재판소인 평리원平理院이 있던 곳에 1928년 일제가 경성재판소를 세웠고(현재 일부가 보존됨), 광복 후 대법원으로 사용됨으로써 우리 근대의 사법 중심지를 보존한 채 공공의 장소로 개방한 셈이다. 지역성에 근거한 뮤지엄의 상징성을 얘기할 때 잠시 언급됐던 국군기무사령부 본관은 격동기 한국 현대 정치사의 증언자로서 의미가 더해져 국립현대미술관 서울관민현준, 2011-2013으로 보존될 수 있었다. 이곳은 1928년 개원해 1933년까지 증축된

서울시립미술관의 주 입구.

경성의학전문학교 부속의료원 외래진료소로, 건물 자체의 가치로 따지면 구 대법원 청사에는 못 미치지만 12·12 군사쿠데타가 모의되고 실행된 곳이기도 하다. 새로 지어진 미술관은 기존의 국군기무사령부 높이에 맞춰지고 종친부宗親府 건물인 경근당敬近堂과 경복궁景福宮을 배려한 배치와 단순한 형태를 취한

국립현대미술관 서울관. 종친부 건물인 경근당 앞마당에서 경복궁 쪽을 바라본 모습. 잔디마당 밑에 미술관이 들어가 있다.

채 상당 부분이 지하로 내려졌다. 소소한 아쉬움은 있지만 가능한 한 무형의shapeless 미술관을 만들고자 했던 의도가 장소와 잘 맞아떨어진다.

다양한 건축이론의 영향

현대 뮤지엄에 고전적 전시공간이 재등장하게 된 것은 근대건축국제회의C.I.A.M. [94] 의 붕괴 이후 기존 원리를 의심하고 새로운 방향을 모색하기 시작하면서 다양해진 건축이론에 힘입은 바 크다.

건축이론가 요디케Jürgen Joedicke는 근대 건축의 교조에 대한 확신의 시대가 저물어 간 1958년에서 1966년 사이의 건축적 상황을 첫째, 거칠고 투박할 정도로 솔직하고 정직하게 구조를 표현하는 브루탈리즘Brutalism [95]과 둘째, 전통 건축의 장식적 요소를 현대화하는 것과 기능적인 건축의 기계적 비인간성의 인간화를 목적으로 한 형태주의Formalism로 설명했다. 케네스 프램턴은 자신이 제시한 다섯 가지 경향five Isms 중 세 가지에서 현대건축이 지닌 대중적 전통적 맥락적 경향을 지적했다. 그에 따르면, 로버트 벤추리의 책에서 이론이 정립된 대중주의Populism와 신현실주의Neo-Realism로도 불리는 참여주의Participationism 건축은 대중문화와 소비사회에의 긍정을 바탕으로 대중적인 건축형태 및 장식적인 역사주의를 채택한다. 이와 함께 지역의 전통적인 재료를 사용하고 지역의 특이한 문화를 억누르기보다는 보편적인 문화와 공존을 추구하는 지역주의Regionalism, 도시 맥락을 중시하며 기존의 틀 위에서 새로운 계획안을 설정하기 위해 노력하는 신합리주의Neo-Rationalism가 그 세번째에 해당한다.[96] 건축이론가이자 비평가인 찰스 젠크스Charles Jencks는 근대건축이 간과해 온 형태의미론적 측면과 지역문화의 연속성 등을 위해 역사와 전통을 참조한 새로운 방향을 모색하는 경향을 포스트모더니즘Post-Modernism으로 명명했다. 이는 건축을 언어로 간주하고 그 의사전달의 정도를 높이기 위해 엘리트 코드elite code와 대중 코드popular code 모두를 사용해 이중 코드화double coding하려는 건축을 일컫는다.[97]

이와 같이 대중문화를 인정하고 가까이하려는 건축, 대중이 관찰하고 이해할 수 있으며 역사와 문화가 반영된, 복합성과 다양성을 내포한 건축에 대한 관심이 현대의 뮤지엄에 과거의 전시공간이 재등장할 수 있는 이론적 근거를 제공하고 실제적인 적용을 고무했다.

건축가의 변화된 건축철학

또 하나의 경향으로, 일부 공간이나 재료, 구조 등에서는 근대건축의 특징을 유지하면서 전시공간에서만큼은 의도적으로 고전적인 공간의 특성을 추구하는 경우가 있다. 즉 근대주의 이후의 시대상황에 전적으로 경도되지 않은 채 건축가 자신의 철학에 따라 고전적인 환경을 선택하는 것이다.

이러한 경향은 두 경우로 나뉠 수 있다. 첫째, 앞서도 언급됐지만 슈투트가르트 시립미술관 신관처럼 입구홀에서는 근대적인 공간을 선택했으나 "여러 형식의 전시공간을 고찰한 결과 전시공간만큼은 역시 고전적인 환경이 제일 좋더라"[98] 하는 건축가의 경험적 결론으로 나타나는 경우가 있다. 둘째, 카레 다르처럼 유리로 둘러싸인 '보편적 공간'으로서의 전시공간이라는, 실재하기 어려운 이상적인 개념이 현실화되는 과정에서 전시공간이 축소, 세분되면서 나타나는 예를 볼 수 있다.[99]

재현된 고전적 전시공간의 유형과 특성

뮤지엄으로 변용된 고전적 건축물

고전적 건축물 중 기차역, 창고 및 공장 건물, 세관 건물, 발전소 등 큰 내부공간을 지녔던 건물들이 현대 뮤지엄이 된 경우에는 처음부터 새로 짓는 건물에서는 얻기 힘든 대규모 전시공간을 확보할 수 있다는 이점이 있다. 이러한 공간은 주로 기존의 천창 채광을 재활용하게 되며, 규모가 큰 설치예술작품을 보여 주는, 주변을 둘러싸고 있는 소공간들을 통합하는 중앙 전시공간으로, 또는 방문객을 받아들이면서 복잡한 프로그램을 지닌 현대 뮤지엄 내부로의 동선 분할 역할을 담당하는 입구홀로 활용된다.

대공간의 활용

이 중 단일면적은 넓으나 층고가 높지 않은 공간은 본래 있던, 일정한 간격으로 서 있는 다수의 기둥으로 지지되는, 융통성이 큰 전시공간으로 흔히 활용된다. 필요할 때는 이동이 용이한 칸막이로 적절하게 공간을 분할해 사용하는데, 이때 공간은 연속적이며 다방향적인 성질을 갖게 된다. 테이트 갤러리 리버풀, 템퍼러리 컨템퍼러리, 치네티 재단 등이 여기에 속하는데, 기둥이라는 수직성의 선적線的 요소들과 보 또는 인공천창 조명시스템이 노출된 결과, 수평적인 선과 면의 요소들이 대조적 질서를 보인다. 이때 칸막이를 포함한 수직적인 면들은 대개 색과 장식이 배제된 미니멀한 배경으로 작품을 드러낸다.

전시면적이 넓으면서 층고 또한 높은 경우에는 대부분 기둥이 대공간의 가장자리로 물러나 있다. 화력발전소였던 테이트 모던의 넓고 높은 터빈홀은 환대공간이자 대형 설치미술을 위한 공간이다. 창고를 개조한 데 폰트 현대미술재단이나 공학자 에펠Eiffel이 구조설계를 한 르 마가쟁 국립현대미술센터같이 본래 대공간만 있었던 경우에는, 대공간 주변에 작은 공간을 별도로 마련하기도 한다. 이때 추가되는 작은 전시공간은 동선이 일방향적이지만 장식이 없는 중성적인 공간이 된다.

대공간 주변에 작은 공간이 있었던 경우에는 동선이나 전시실의 성격이 건물의 본래 용도에 따라 다르게 나타난다. 즉 전통건축의 특징을 그대로 지님으로써 동선의 일방향성과 공간의 고착성이 두드러지며, 때로는 벽 표면의 질감 등으로 인

테이트 모던의 터빈홀(왼쪽)과 르 마가쟁 국립현대미술센터의 전시공간(오른쪽).

보르도 현대미술관의 중앙 대전시공간.

해 표현적인 공간이 되기도 한다. 1898년에서 1900년 사이에 라루Victor Laloux, 1850–1937가 설계한, 원래 기차역이었던 오르세 미술관의 경우, 기차 플랫폼 양옆의 다층 전시실(센 강 쪽은 호텔이었다)은 방, 갤러리, 통과로, 로톤다 등으로 구성된 기존의 우아한 구조 체계를 재활용했다. 세관 건물을 개조한 보르도 현대미술관에서는 중앙 대공간을 둘러싼 갤러리 곳곳에 기존의 벽돌로 쌓은 벽과 아치, 목재 천장 등이 노출되어 있다. 이런 부분은 새로 마감된 희고 중성적인 벽들과 대조를 이루면서 소규모 설치예술품을 위한 장소를 제공한다.

고전적 공간성 유지
궁전이나 대저택 또는 수도원 등이 현대 뮤지엄으로 바뀐 경우에는 전시품뿐만 아니라 실생활에서 접해 보기 힘든, 과거 권력자나 종교지도자 등이 살았던 거주공간까지 함께 경험할 수 있다. 이때 갤러리나 캐비닛과 같이 과거 건축의 내부를 구성했던 단위공간들이 그대로 전시공간이 되어 고전적 전시공간의 면모를 유지하게 된다. 이 가운데 폭이 넓은 복도를 닮은 갤러리는 점차 뮤지엄의 공공성이 강조되면서 방문객의 이동에 적합한 공간 단위로서 전시공간으로 쉽게 흡수됐다. 특히 궁전이나 수도원처럼 폐쇄적이면서도 공적 성격을 지닌 건물의 경우 갤러리

나폴레옹 3세가 거처했던 루브르 박물관의
전시공간.

의 전시공간화는 자연스럽게 진행됐다.

이렇게 기존의 고전적 공간이 전시공간으로 바뀌게 되면 전시품의 종류에 따라 내부 마감의 변경 여부가 결정된다. 나폴레옹의 유품이 전시된 퐁텐블로Fontainbleau 궁전이나 베르사유 궁전처럼 유품과 함께 과거의 생활환경 자체가 전시대상인 경우에는, 원형이 훼손되어 고증을 통한 복구가 필요한 경우가 아니라면 수정은 자제된다. 1990년까지 프랑스 재무성이 점유했다가 전시공간이 된, 나폴레옹 3세가 거처했던 루브르 궁의 한 부분은 당시의 궁궐생활을 재현하기 위해 과거의 실내장식을 철저하게 복원하는 것이 목표였다.

이와 달리 회화나 조각을 주로 전시하는 미술관이 된 경우에는 예술품 감상에 집중할 수 있도록 중성적 전시환경이 선호되므로, 간소한 실내 마감이 과거의 장식적인 벽 위에 부가되는 경우가 많다. 회화 전시공간에서 천창 채광이 가능한 경우에는 작품 보호와 전시 벽면 확보를 위해 기존의 창문을 막기도 한다. 천창 채광은 17세기 들어 루벤스 갤러리, 베르사유 궁의 희귀품 캐비닛, 팔레 루아얄의 레장 갤러리에서 사용됐다. 한때 학교로 사용됐을 만큼 넓은 살레Salé 저택에 입주한 파리 국립 피카소 미술관은 주로 회화작품을 전시한다. 하지만 비용 증가와 건물 원형 훼손에 대한 우려, 아래층 전시공간에서의 천창 채광 불가능 등의 이유로 원래 있던 측창을 그대로 두었다. 창문에는 반투명 차폐막을 설치해 약화된 빛은 통과시키되 직사광선으로 인한 눈부심과 작품 훼손을 되도록 억제했다. 루브르 박물관을 비롯한 다수의 고전적 뮤지엄에서는 1층 전시공간에 조각품을 진열할 때 기존의 투명유리창을 그대로 활용한다. 조각품의 음영효과를 살리는 데는 창을 통해 빛이 유입되는 게 더 유리하기 때문이다.

다양한 건축이론이 반영된 신축 뮤지엄

새로 지었지만 고전적인 전시공간을 가진 뮤지엄들이 있다. 그 중 먼저 20세기 후반의 다양한 건축이론이 적용된 경우를 살펴볼 텐데, 이에 해당하는 뮤지엄들은 내외부 모두에서 고전주의적 건축성향을 보인다.

로버트 벤추리의 장식성이 강한 고전적 전시공간

지성적인 건축가인 벤추리는 치밀하게 구축한 이론 위에 자신의 탑을 쌓는 스타일이다. 벤추리는『건축에서의 복합성과 대립성Complexity and Contradiction in Architecture』(1966)과『라스베가스의 교훈Learning from Las Vegas』(1972)을 통해 한때 건축이 포스트모더니즘으로 방향 전환한 데에 지대한 영향을 미친 건축가다. 그가 설계한 첫 미술관인 앨런 기념미술관Allen Memorial Art Museum, Oberlin, 1973-1977 신관은 포스트모더니즘 이론하에 네오르네상스 양식의 구관C. Gilbert, 1917을 재해석해 분홍빛 화강암과 적색 사암으로 장식한 상자형의 현대미술 전시관이다.

개축된 구관에서는 본래 있던 정교한 장식들이 백색의 평탄한 벽 위에서 우아하게 돋보이도록 처리됐지만, 신관은 전시될 현대 미술품을 의식해 아직은 근대적 공간 특성을 갖고 있다. 파사드는 "너무 튀지 않으면서도 기존의 훌륭한 건물과 조화되기 위함이고 (…) 내부공간은 자칫 과도한 건축적 열정으로 인해 예술가들의 창조성을 침해하지 않기 위해 창고형의 건물을 제시"[100]했다. 구관과 신관 사이에 위치한 입구의 모서리에는 의도적으로 비례를 왜곡시킨, 이오니아식 기둥의 주두柱頭를 부풀려 풍자한 듯한 미키마우스 기둥을 두어 대중성을 고양시켰다. 이는 건축을 일상의 감수성을 통해 이용되고 지각되는 수준 높은 기능craft으로 생각한[101] 결과다.

낙선하긴 했지만 벤추리는 프랑크푸르트의 수공예박물관 초청설계공모전 응모안1979에서 본격적으로 고전적인 전시공간을 채택했다. 전통적인 뮤지엄을 상기시키는, 상대적으로 폐쇄적이고 선형적인 일련의 갤러리들로 구성된 내부조직을

앨런 기념미술관의 구관(좌측)과 신관(우측) 스케치.

내셔널 갤러리 세인즈버리 신관의 전시공간.

제시한 것이다.[102] 르네상스 갤러리 진입부를 위한 투시도에는 이오니아식 주두를 가진 사각 기둥이 나온다. 외관은 인접한 메츨러 저택의 파사드를 참조한 까닭에 주거건물처럼 보이는데, 가구를 포함해 실내를 장식하던 각종 물품을 전시하는 장소인 만큼 무리가 없어 보인다.

건축이론가 베이커Geoffrey Baker는, 내외부적으로 고전성이 강한 벤추리의 내셔널 갤러리 세인즈버리 신관이 기존 내셔널 갤러리 구관과의 연관성 추구와 『건축에서의 복합성과 대립성』에서 약술된 분석적 연구의 결과물임을 논증한 바 있다.[103] 여기서 전시공간에 대한 언급은 매우 제한적이지만, 배치상의 축 설정과 형상 및 파사드의 결정, 주 계단의 기념비성, 내부공간 분할 등에 있어 포스트모더니즘의 장식적 피상성을 넘어서는 이론적 깊이가 있다고 본 것이다. 남북 방향으로 세 열로 배치된 이 미술관의 전시실들은 하늘로 향한 상승감과 기념비적 성격을 제공하는 높은 고측창을 통해 조명된다. 과시적이기까지 한 높은 중앙 갤러리는 아치형 개구부를 통해 연결되며, 측벽의 개구부를 통해 좀 더 친밀한 규모의 옆 전시실들을 바라볼 수 있다. 세 열의 직렬 배치는 옆면의 전시실들이 주변처럼 보이는 것을 방지해 준다.

그러나, 이곳은 고전적 전시공간이지만 전시품과 잘 어울리는 구관의 전시환경과는 뭔가 다르다. 폭, 길이, 높이 간의 어색한 비례, 과장된 채광시스템, 고상한 예술의 전당으로의 회귀를 의식하여 변형된, 각종 장식들이 부가된 채 하얗게 칠해진 벽은, 1250년에서 1510년 사이의 초기 르네상스 작품들과 조화를 이루지 못하고 인위적인 인상을 준다. 라잉 아트갤러리Laing Art Gallery, Newcastle-Upon-Tyne의 관장인 밀라드J. Millard 역시 이 미술관의 전시공간이 쓸데없는 관례에 묶여 고루하며, 비전문가인 방문객들이 그림들이 그려진 시점으로부터 오백 년의 시차를 상상력으로 뛰어넘을 수 있도록 격려하는 것이 아니라 위축시킬 수 있음을 지적했다.[104] 벤추리는 다수의 포스트모던 건축에서 보이는 것처럼 부적절하게 역사적 참조를 한 경우나 신고전주의와 아르데코Art Deco의 상징성을 임의로 사용하는 것을 비판했지만,[105] 그 역시도 시대상황이 달라진 오늘날의 재료와 기술로 과거의 것을 의미있고 적절하게 재생하기가 쉽지 않았음을 실감케 하는 대목이다.

벤추리가 설계해 1991년 완공된 시애틀 미술관Seattle Art Museum은 파사드나 층별

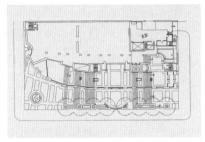

시애틀 미술관 전시층 평면도.

구성, 기념비적 계단 등에서 세인즈버리 신관과 유사한 평면과 입면, 단면을 보여 준다. 3, 4층에 위치한 전시공간에는 계단과 엘리베이터 같은 수직동선과 복도가 길이 방향으로 중앙에 위치하고 그 양옆에 전시실이 배치됐다. 그 중 대로변에 일렬로 위치한 전시실들은 전형적인 고전적 전시공간의 구성을 취하고 있다. 건너편의 전시실들도 비록 폭은 넓지만 역시 일렬로 배치되어 일방향의 통행을 요구한다.

아라타 이소자키의 단순화된 고전적 전시공간

이소자키는 1970년대에 당시 형성된 주제와 형식을 다루는 데 있어 매너리즘 기법을 거쳐 1980년대에 포스트모던 건축의 주요 건축가로 떠올랐다. 그의 작품인 오카노야마 그래픽아트 미술관에서 세 개의 갤러리와 그 사이의 연결공간이 교차되면서 나타나는, 연장 가능하고 길쭉한 형태는 열차가 연결된 형상을 은유한다. 여덟 개의 거대한 기둥으로 받쳐진 주랑 현관portico을 거쳐 들어가면 요쿠D. Yokoo의 1960년대에서 1980년대까지의 작품들이 십 년 단위로 차례대로 전시돼 있다. 이곳은 일방향성 갤러리로, 흰 벽으로 둘러싸인 채 단순화된 천창을 통해 조명되는 중성적 공간이다. 일방향의 선형 건물이므로 생존한 화가가 작품활동을 계속할 경우 열차를 연결하듯 전시실을 덧붙이면 된다.

독립성이 강한 일곱 개 전시실이 피라미드형 천창을 통해 채광되는 그의 로스앤젤레스 현대미술관도 이 미술관처럼 독립적인 전시실의 고착성, 이동경로의 강제성과 같은 고전적 공간의 성격을 지니고 있다. 이소자키는 흰색의 벽체로 구획된 전시공간을 황금분할비로 나눈 후 계속 적층시켜 나선형의 동선을 구성했다. 상자형의 단순한 외관을 요구한 발주자에 맞서 분열되고 파편화된, 다양한 전망을 지닌 현대 도시에 대응하기 위해 택한 콜라주 기법[106]이 미술관 계획의 기본개념이 됐다. 이 미술관에서도 전시공간은 흰 벽으로 둘러싸인 중성적 공간이다. 앞서 언급했듯이, 이소자키의

오카노야마 그래픽아트 미술관 스케치.

'분열적 절충주의'를 따라 과거의 형상을 구체적으로 인용한 결과물이다. 이소자키는 동서양 건축의 역사적 양식의 단편들과 추상적인 근대건축의 형태들을 결합시키면서 전시실 내부에서만큼은 장식물과 색채의 존재에 의한 시선의 분산을 억제했다.

알도 로시의 신합리주의 미술관

벤추리와 더불어 다양한 현대건축 경향의 한 축을 이론과 작품을 통해 발전시켜 나간 알도 로시는 '집단 기억의 장場'인 도시에서 역사성과 장소성을 해치지 않는 건축을 구축하려는 시도를 계속해 왔다. 그가 주축이 됐던 신합리주의는 역사를 배제한 근대건축에는 반대했지만, 역사의 변증법에 의해 근대건축을 비판적으로 수정해 재검토하는 과정에서 잃어버린 순수성을 동경했으며, 한편으로는 근대건축의 역사와 궁극적인 목표를 재해석함으로써 그것을 역사적 연속성의 한 흐름으로 해석했다.

로시가 계획한 건축물들은 형태요소의 형성방법에서 고전적 형태의 추상화, 구성요소의 단편화 및 기하학적 입체의 사용이라는 특징을 보인다. 형태요소의 구성방법에서는 중합과 반복, 축과 중심, 요소와 스케일의 과장, 지역성 중시라는 특징을 공통적으로 갖고 있다. 그가 설계한 바시비에르앙리무쟁 현대예술센터 역시 내외부에서 고전적 모습을 보이는데, 언뜻 숲 속에 있는 예배당처럼 보이지만 사실은 수도교 같은 갤러리와 등대 같은 원뿔형 탑으로 구성되어 있다. 앞서 언급했듯 건축가의 투철한 역사의식과 주변 환경의 역사적 맥락이 고려되어 고측창 채광을 사용한 사례이다. 2층에 있는 전시공간은 뒤랑의 미술관 계획안처럼 반원형의 고측창이 일렬로 배치된 갤러리를 밝힌다. 교회의 회랑 같은 이곳의 동선은 최대한의 전시벽을 제공하기 위해 채택된 고측창이 연속되면서 연계성이 고취된다.

국제설계공모전에서 당선되어 큰 관심을 모았던 알도 로시의 독일역사박물관 계획안에 나타난 싱켈의 베를린 구박물관에 있는 열주, 중세의 주거건물에서 보이는 가파른 물매를 가진 지붕의 연속, 대성당의 형상, 로톤다 등은 이 뮤지엄이 독일의 고전적인 도시 역사를 존중한 결과임은 앞에서 이야기했다. 넓은 전시공간은 천창과 외부로 나 있는 큰 창들을 통해 조명되면서, 독립성을 지닌 전시실들이 곧게 뻗은 복도 양옆에 포도송이처럼 붙어 있다. 이처럼 엄격하게 반복적으로 배치되었지만 각 전시실의 여유있는 넓이로 인해 경직성은 완화된다.

이와 같이 벤추리와 이소자키, 로시가 설계한 뮤지엄들은 건축가가 독자적인 이론하에 내외부 모두 고전성을 띤 건물로 구상한 결과다. 그러므로 전시공간의 분위기는 벤추리의 미술관처럼 과거의 건축을 직간접적으로 참조해 장식물이나 색채를 도입하는 경우와 이소자키와 로시의 미술관처럼 단순함과 평온함을 추구하는 경우로 서로 다르게 나타난다.

건축가의 변화된 건축철학을 적용한 신축 뮤지엄

다양한 건축이론이 뮤지엄 건축에 적용된 예와 달리, 건축가의 뜻에 따라 외부와 내부공간에서 근대성을 함께 지니고 있지만 유독 내부전시공간에서만 고전적 성향을 드러내는 경우를 살펴보고자 한다.

제임스 스털링의 경험적 고전성

스털링은 르 코르뷔지에의 이론을 충실히 따르던 1950년대를 시작으로, 근대의 전통에 대한 편견에 사로잡히지 않은 지적인 재해석과 새로운 시도를 행하면서 변신을 준비하던 1960년대를 지나, 1970년대에 들어 마침내 전통과 과거의 대비를 강조하며 고전적인 건축을 흡수한 건물들을 선보였다. 그가 설계해서 완공한 첫 뮤지엄 작품인 슈투트가르트 시립미술관 신관은 이후 그가 설계한 여러 미술관 계획안의 성격을 예견케 하는 건물이다.

앞에서 여러 번 거론된 이 미술관은 그가 설계한 새클러 박물관과 클로어 갤러리와 마찬가지로, 신고전주의적인 외관을 보이면서 입구홀은 비정형적이고 자유로운 평면과 단면을 가진 근대적 공간성을 드러낸다. 그러나 전시공간만큼은 고전적인 성격을 보임을 이미 확인했다. H자형 배치의 구관旧館을 참조해 그 옆에 U자형으로 일렬 배치한 슈투트가르트 시립미술관 신관의 전시실들은, 고전적 처마도리architrave [107]와 박공벽pediment [108]이 양식화되고 단순화된 문틀로 꾸며진 개구부를 통해 연결돼 있다. 그러나 흰 벽과 천장의 이음부가 곡면으로 처리됐으며 천창 역시 평탄한 반투명유리로 되어 있어 상대적으로 안정된 공간성을 보인다. 각 전시실의 넓이는 60제곱미터에서 225제곱미터까지 다양한데, 폭이 일정한 상태

슈투트가르트 시립미술관 신관의 근대적 공간성을 보이는 입구홀.

에서 깊이의 차이와 비례적으로 높이를 조정한(4.2미터와 5.7미터) 덕분에 반복으로 인한 지루함은 없다. 또한 너무 극적인 동선을 강요받거나 기계적 요소들로 인해 감상에 방해를 받지도 않는다. 벤추리의 미술관에서 보이는 비례상의 문제나 과장, 부적절한 장식적 요소들이 여기서는 발생하지 않는다. 전시공간만큼은 고전적인 공간을 좋아하는 스털링의 개인적 경험과 소신의 결실인 것이다.

하버드 대학 내 새클러 박물관의 입구홀.

　　기존의 포그 박물관Fogg Museum을 증축한 새클러 박물관은 고전적 전시공간의 전형으로, 층별로 여러 개의 전시실이 각 실의 중앙에 있는 개구부를 통해 연결되며 일렬로 배치돼 있다. 수평성이 강조된 외부와 색채가 가미된 마감을 한 홀과 달리, 전시실은 흰색의 평평한 벽으로 둘러싸였으며, 천창이 있는 최상층 외에는 측창으로 조명되어 고대 아시아와 이슬람, 인도 문명의 유물들을 전시한다.

　　클로어 갤러리는 중앙 갤러리 주변을 전시실이 둘러싼 배치로, 앞의 두 미술관에 비해 천창 채광을 위한 빛 유입구와 반사판의 형상이 매우 표현적으로 설계됐다. 중앙 갤러리의 길이 방향에 있는 두 개구부 양옆에는 원형 기둥이 있으며, 그 상부에는 천장으로 향한 인공광을 숨기고 있는 돌출부가 있다. 이에 더하여 바닥과 벽을 분리하는 목재 걸레받이와 벽의 개구부 높이에서 분리된 재료분리대, 벽과 천장이 만나는 곳에 설치된 공기조화시설과 간접조명시설 등이 앞의 두 미술관에 비해 훨씬 더 복잡한 전시환경을 제시한다. 연결된 기존의 테이트 갤러리Tate Gallery의 고전성을 따라 내닫이창bay window, 주랑柱廊, colonnade,[109] 그리고 육중한 석

조벽을 택한 스털링은 다시 입구홀에서 근대적인 공간을 전개했다. 하지만 전시공간에서는 "테이트 갤러리 증축을 위한 현상설계 참가자들에게 많은 문제점을 안겨 줬던, 바실리카에 대한 열망을 지닌 내셔널 갤러리 관리자들을 기쁘게 해 줬을 엄숙함"[110]을 추구했다.

테이트 갤러리를 확장한 클로어 갤러리의 전시공간(왼쪽)과 입구홀(오른쪽).

　　이렇게 스털링의 미술관들은 기존

맥락을 고려해 고전적 외관을 지니지만, 환대와 이동성이 중시되는 입구홀에서는 근대적 공간성을 보이다가 전시공간에서 다시 고전적 공간성을 보인다. '고전성 → 근대성 → 고전성'이 순차적으로 전개되는 것이다.

노먼 포스터의 현실화된 이상과 개념우선주의

포스터가 설계한 카레 다르는 유리로 둘러싸인 기술적 이미지에도 불구하고 고전적 전시공간의 성격을 띠고 있다. 문화예술에 대한 각종 정보를 제공하는 미디어테크와 갤러리가 함께 있는 종합문화센터인 이곳에 이러한 전시공간이 마련된 것은 두 가지로 이해할 수 있겠다.

첫째, 수정궁 이후 '보편적 공간'의 이상을 지향했던 일련의 미술관 계보에서, 하나의 넓은 공간이었던 퐁피두센터에 반영구적인 칸막이들이 설치되어 여러 전시실로 분할되었던 예와 같이, 실제로 쓰기에는 불편함이 많음을 실감하고 현실적으로 변모되어 나가는 과정으로 볼 수 있다. 역시 전시공간만큼은 고정된 벽으로 적절하게 분할된 실室들의 연속이 바람직하다는 생각인 것이다.[111]

둘째, 카레 다르가 위치한 남다른 장소성을 고려해 볼 수 있다. 프랑스 남부도시 님은 인접한 아를, 아비뇽과 함께 고대 로마의 유적을 다수 보존한 도시로, 중세 때의 시가지가 그대로 남아 있는 곳이다. 하이테크 건축가인 포스터도 이곳에서만큼은 기존의 도시 맥락을 중시하지 않을 수 없었다. 기존 도로를 의식한 입구

카레 다르의 전시실.

설정, 주변 건물과 맞춘 높이, 맞은편에 있는 로마시대 건축물인 메종 카레의 측면 비례와 동일한 정면 비례, 인근 조적조 건물[112]의 입면 패턴에 동화되기 위한 유리 표피에서 돌출된 격자 창틀, 메종 카레에 있는 주랑 현관에서 유추한 다섯 개의 가느다란 금속 기둥 등 도시 맥락을 수용하기 위한 시도가 분명하게 드러난다. 이 금속 기둥들은, 카레 다르의 대지에 있었다가 불타 없어진 고전극장의 열주에 대한 기억이기도 하다.[113]

여기서 분할된 전시실들이 일방향으로 배치되어 고전성을 띠는 이유는 님의 전통 주거건축 양식을 감안한, 건물로 둘러싸인 내부중정의 존재 때문이다. 모든 층을 잇는 큰 계단(p.52)이 차지한 이 내부중정을 먼저 정하고 나머지 공

새클러 갤러리 진입부의 입구홀을 겸한
조각전시공간.

간인 주변에 전시실을 배치함으로써 도시 맥락의 고려라는
개념을 우선한 것이다.

그 결과 외부가 유리로 마감된 미술관이 누렸던 자유로운
공간이 사라지고 일방향의 전시실 배치에 머물렀다. 내부중
정 둘레에 여러 비례를 가진 채 반복적으로 배치된 전시실들
은 사이에 기둥과 설비시스템을 감춘 두 겹의 칸막이로 나뉘
어 있다. 유리건물 안에 들어와 있다는 사실조차 잊게 하는
이 칸막이는 작품을 걸기 위한 전시용 칸막이가 아니라 진짜
벽처럼 보인다. 단순하게 처리한 흰색의 내부는 중성적인 전
시공간을 원하는 포스터의 의도[114]를 따른 것이다. 그는 시간
에 따라 변화하는 살아 있는 빛 아래에서 전시하기를 원해, 프
랑스 뮤지엄국Direction des Musées de France이 권유한 낮은 자연조
명 조도를 거부하고 최상층에 천창을 두어 밝은 전시실을 제
공했다.

서비스의 미비와 접근의 어려움으로 인해 방문객이 거의 없었던, 영국 왕립 아
카데미 내의 디플로마 갤러리Diploma Galleries를 대폭 개조한 새클러 갤러리Sackler Gal-
leries, Norman Foster, London, 1991에서 포스터는, 빛이 들어오는 천장을 아치형으로 만
들어 그림자가 제거된, 시간을 초월한 전시실을 원했다. 그는 처음에는 커다란 하
나의 전시실을 연구했지만, 아카데미 내의 다른 전시실들과 자연스럽게 보완관계
를 맺고 친근감이 가는 공간을 위해 개별성이 강하고 일체의 장식적 요소와 색이
배제된 작은 방들의 집합체를 제안했다.[115] 그 결과물에서 왕립 아카데미라는 고
풍스러운 건물에 잘 융합되는, 현대화된 고전적 전시공간의 높은 격조가 우러나

새클러 갤러리의 회화전시공간.

온다.

지금까지 언급된, 현대 뮤지엄에서 재현
된 고전적 전시공간의 유형과 특성을 대표
적인 뮤지엄들을 사례로 정리해 보면 〈표 5〉
와 같다.

이와 같이 현대 뮤지엄에서 고전적 전시
공간을 재현한 건축가들은 모더니즘을 그
자체로서의 목적이 아닌 역사 속에서 진보

유형		사례 뮤지엄	공간적 특성
뮤지엄으로 개조된 고전적 건축물	대공간 활용	· 테이트 갤러리 리버풀 · 템퍼러리 컨템퍼러리 · 치네티 재단 · 데 폰트 현대미술재단 · 오르세 미술관 · 보르도 현대미술관	· 기존 구조체를 활용해 신축 건물에서는 얻기 어려운 큰 전시공간을 확보함. · 중앙부는 주로 설치예술을 위한 공간으로 이용하여 천창 채광을 함. · 넓은 공간이나 층고가 낮은 경우 '자유로운 평면' 개념처럼 활용하여 기둥의 수직적 선과 보나 인공천장조명시스템의 수평적 선과 면이 대조적 질서를 보임. · 대공간 주변에 작고 낮은 공간을 추가하기도 함.
	고전적 공간성 유지	· 퐁텐블로 성 · 베르사유 궁 · 루브르 박물관 · 파리 국립 피카소 미술관	· 기존의 갤러리와 캐비닛이 그대로 전시공간이 됨. · 과거의 생활환경 자체가 전시대상이 될 때, 원형이 훼손되어 고증을 통한 복구가 필요한 경우가 아니면 수정을 자제함. · 회화나 조각을 전시하는 미술관이 된 경우 예술품 감상에 집중할 수 있도록 중성적 전시환경이 선호되어, 미니멀한 실내마감이 과거의 장식적인 벽 위에 부가됨.
다양한 건축 이론이 반영된 신축 뮤지엄	벤추리의 장식성이 강한 고전적 전시공간	· 앨런 기념미술관 · 수공예박물관 응모안 · 내셔널 갤러리 세인즈버리 신관 · 시애틀 미술관	· 그의 저서 『건축에서의 복합성과 대립성』과 『라스베가스의 교훈』을 실현함. · 포스트모더니즘적 사고가 발현되어 내외부 모두 장식적이나 장식적 피상성을 넘어선 이론적 깊이를 보임. · 건축을 일상의 감수성을 통해 이용되고 지각되는 수준 높은 기능(craft)으로 생각하여 대중성도 고려함.
	이소자키의 단순화된 고전적 전시공간	· 오카노야마 그래픽아트 미술관 · 로스앤젤레스 현대미술관	· '분열적 절충주의'를 따라 과거의 형상을 구체적으로 인용함.
	로시의 신합리주의 미술관	· 바시비에르앙리무쟁 현대예술센터 · 독일역사박물관 계획안	· 유럽 도시의 역사성과 장소성을 중시하며 역사의 변증법에 의해 근대건축을 비판적으로 수정 흡수함. · 고전적 형태의 추상화, 구성요소의 단편화, 기하학적 입체를 사용함.
건축가의 변화된 건축철학을 적용한 신축 뮤지엄	스털링의 경험적 고전성	· 슈투트가르트 시립미술관 신관 · 새클러 박물관 · 클로어 갤러리	· 증축된 세 미술관은 기존의 미술관과의 조화를 위해 고전적 외관을 지녔으나, 입구홀에서는 근대적 공간성을, 전시공간에서는 다시 고전성을 보임. · 스털링의 '도시적 조경'으로서의 뮤지엄 개념과 "전시공간만큼은 고전적 환경이 좋다"는 경험의 결과임.
	포스터의 현실화된 이상과 개념우선주의	· 카레 다르	· 유리를 사용하는 하이테크 건축가로서 수정궁이나 퐁피두센터의 열린 공간이라는 이상을 축소, 현실화함. · 전통주거양식을 감안한, 건물로 둘러싸인 내부중정을 두어, 주변의 전시실들은 일방향의 고전성을 띰.
		· 새클러 갤러리	· 영국 로열 아카데미의 고풍스런 건물에 어울리는, 장식적 요소와 색이 배제돼 현대화된 고전적 전시공간을 제시함.

표 5. 현대 뮤지엄에서 재현된 고전적 전시공간의 유형과 특성.

하는 과정으로 생각했다. 자신들의 작업을 과거로의 반동적 회귀가 아닌, 발전 속에서 과거의 교훈을 견지하려는 의식의 결과로 받아들인 것이다. 언급된 뮤지엄들에는 이전의 고전적 전시공간에 당연히 있었던 장식이 선택적으로 존재하며, 있더라도 추상적이거나 단순하게 변형된 장식이 대부분이다. 이것은 과거의 전시환경을 그대로 받아들이지는 않았음을 말한다. 도리어 하나의 방을 이루는 전시실의 개별성을 되찾고 배치하는 데 있어 고전적 뮤지엄의 방식을 응용했음을 알 수 있다. 그리고 방문객들은 이런 전통 방식의 전시실에 금방 적응되어 작품 감상에 젖어들게 된다.

뮤지엄의 오늘과 내일

현대 뮤지엄의 경향과 변천 추이

뮤지엄 건축의 발전사는 전반적인 건축 역사에 비해 상당히 뒤처져 있었다고 할 수 있다. 그러나 오늘날 뮤지엄 건축은 맹렬한 속도로 현대건축을 견인하고 있다. 이렇게 뒤늦게나마 빠른 발전의 속도를 보이게 된 것은, 새로운 뮤지엄 건축의 길을 어렵게 열었으나 후대에 쉽게 수용되지 못했던 근대건축 거장들의 제안이 마침내 받아들여지기 시작한 것과 무관하지 않다. 1970년대 포스트모더니즘의 확산이 정치경제적 상황과 맞물려 뮤지엄 건축이 꽃피기 시작했고, 거장들이 제안했던 뮤지엄에 대한 진심이 이해되기 시작한 것도 그즈음부터였다. 현대 뮤지엄 건축의 경향과 변천 추이를 논하기 전에 그동안 과소평가됐던, 현대 뮤지엄 건축에 미친 거장들의 영향을 색다른 시각으로 접근하여 확인해 보려 한다.

근대건축 거장들의 '이상적인 단위전시공간' 개념

현대건축에 끼친 지대한 영향력에도 불구하고 근대적 뮤지엄을 위한 거장들의 과감한 건축적 제안들이 잘 정착하지 못했다는 것이 그동안의 정설이었다. 나는 뮤지엄 건축을 공부하면서 줄곧 "정말 그럴까"라는 의문을 가져 왔다. 지금까지 보아 왔듯, 고전적 뮤지엄과 현대적 뮤지엄 사이의 짧은 과도기를 지나는 동안, 뮤지엄 건축의 입구홀, 자연광과 동선 같은 핵심과제에서, 거장들이 새로운 제안을 함으로써 후대 뮤지엄 건축에 상당한 기여를 했음을 확인할 수 있다. 그러나 전시공간의 구성법과 그 공간의 성격, 그로 인한 뮤지엄의 최종 결과물에서 거장들의 제안과 현대 뮤지엄 건축 간의 연관성은 여전히 찾기가 쉽지 않았다. 그러다 초기 근대 뮤지엄에 해당하는 헤이그 시립미술관을 방문했을 때 그 실마리를 발견할 수 있었다. 1935년에 완공되었으면서도 매우 중성적인 근대성을 보이는 것에 놀라

헤이그 시립미술관 복도에서 본 단위전시공간.

직원에게 문의해 보니 이 뮤지엄은 처음 지어진 모습 그대로라는 대답이 돌아왔다. 전시공간의 일부는 전용 고측창을 통해 자연광이 유입되는, 가정집 거실만 한 개별 전시실이 복도를 따라 반복 배치되어 있었는데, 불현듯 '이상적인 단위전시공간' 개념이 떠올랐다. 여러 뮤지엄에서, 전시공간을 이루는 단위전시공간 각각에 공통적인 속성(폭, 길이, 높이, 빛 유입법, 내부 마감 등의 상관관계)이 내재된 경우가 많다는 사실을 떠올린 것이다.[116]

이때의 '이상'이란 객관적 이상ideal을 의미하지 않는다. 그것은, 능력을 인정받은 건축가가 계획한 뮤지엄의 전시공간이 전시될 오브제에 가장 적합한, 즉 이상적인 환경이라고 생각한 결과물(성공 여부는 차치하고)이라고 전제할 때, 그 때의 주관적 이상을 뜻한다. 군이 주관적 이상을 거론하는 것은, 건축가의 설계 의도를 중시함으로써 각기 다른 근거 아래 제시되는 객관적 이상에 대한 논의에서는 얻기 힘든, 뮤지엄 건축 역사의 공백에 대한 의문에 답할 수 있는 가능성을 봤기 때문이다.

이상적인 단위전시공간 개념은 고전적 뮤지엄에도 적용 가능하다. "저택(궁전이나 성을 포함한) 내 방의 두 가지 유형에서 유래된 캐비닛cabinet과 갤러리gallery"[117]는 고전적 뮤지엄에서 공통적으로 나타난다. 건물로서의 뮤지엄 발전사를 봐도 두 유형의 방이 전시공간으로 용도 변경된 것은 필연적이다. 개인저택에서 생활과 전시라는 이중 기능을 지녔던 방들이 전시만을 위한 장소로 전문화된 점이 다를 뿐이다.

이러한 역사적 당위성으로 인해 뮤지엄에 쉽게 수용됐던 두 유형 중 예술작품으로 장식되어 높은 품격을 자랑하는 갤러리는 원래 극장이나 회의실로 활용되는 공적 성격을 지녔으나 이후 전체가 전시공간이 됐다. 캐비닛은 비록 대ᄎ 세도가의 소유일지라도 보다 검소하고 전문적이고 부르주아적이었다. 회화나 조각품을 주로 전시하는 갤러리와 달리, 진귀한 물건이나 동식물의 표본 등을 전시하며 소유자의 고증학적 지식을 자부하는 곳이었기 때문이다.

근대건축의 세 거장이 제시한 뮤지엄을 이상적인 단위전시공간 개념을 통해 살펴보기로 하자.

라이트의 뉴욕 구겐하임 미술관: 단면에서의 이상적인 단위전시공간 탐구

이상적인 단위전시공간 개념은 약간의 변형을 수용하면서 반복 가능한 원형原形의 창안이 중요하다. 이때 전시실의 폭과 길이, 높이와 빛 유입법 등을 결정할 단면이 핵심이다. 이러한 관점에서 전시공간 전체가 하나의 단면 형식으로 귀결되는 뉴욕 구겐하임 미술관이 가장 극적이다. 이 미술관은 단순히 중성적이고 기능적 틀이 되어야 한다는 주장과는 반대로, 뮤지엄 설계는 궁극적으로 연출의 대상이며 형태 부여자로서 고유의 독창력을 표현해야 한다는 신념의 산물이다.

알려진 바대로 이 미술관은 유사한 폭에 동일한 높이를 가진 전시 경사로와 오목하면서 뒤로 기울어진 전시벽면, 시선이 집중되어야 할 전시면에 비해 월등한 공간성을 보이는 맞은편의 중앙공간, 과거의 갤러리가 지녔던 일방향성 고수 등의 이유로 전시공간으로는 부적절하다고 비판받았다. 그러나 라이트가 형태 위주의 작업에 치중한 나머지 전시라는 미술관의 고유 기능을 무시했다고 단정할 수는 없다. 십육 년이나 걸린 계획과 건설기간 중 끊임없이 제기된 비판과 우려에 대해, 그는 자신이 만든 전시공간은 새롭고 이상적인 환경에서 그림을 전시하기 위한 것이라고 주장했다.[118] 그의 진심을 이해하려는 마음으로 뉴욕 구겐하임 미술관의 평면과 단면을 다시 보니 이상적인 단위전시공간이 드러났다. 원형 공간의 중심점을 기점으로 360도가 열두 기둥으로 등분된 미술관을 기둥 간격인 30도 단위로 분할해 한 개 층을 한 조각의 케이크처럼 추출한 것이다.

라이트는 이렇게 분할된 채 5도 뒤로 기울어진 곡벽을 가진 단위전시공간을 위

증축된 릴레함메르 미술관.

에서부터 나선형으로 돌려 만든, 다섯 층에 걸친 총 길이 430미터의 전시경사로에 확신을 가졌다. 그는 벽으로 막힌 직사각형 공간들이 차례로 직렬 배치되는 고전적인 전시공간을 극복하고, 이동과 감상의 장소를 겸한 경사로의 한쪽에 전례없던 전시벽을 제공했다. 맞은편에는 이 연속된 단위전시공간을 빛으로 충만한 공간으로 묶어 강한 구심성을 가진 중심공간이 생기게 했다. 이곳을 걸으면 한쪽은 기슭이고 다른 한쪽은 트인 언덕의 내리막길을 산책하는 듯하다. 하나의 이상적인 단위전시공간의 단면을 전체 전시공간에 과감하게 확대 적용해, 기존의 구성법으로는 불가능했을 전시공간의 무한하고 균질적인 연속성을 성취한 것이다. 다양한 크기와 성격의 작품을 수용해야 할 기획전시장으로 쓰이는 현재와 달리 처음에는 일정한 크기의 소장품 회화를 보여 주는 상설전시장으로 예정되었던 것을 감안하면, 라이트의 관심은 이러한 전시공간의 융통성 결여에 대한 시비와는 다른 곳에 있었다.

뉴욕 구겐하임 미술관의 의의는, 먼저 승강기를 통해 올라간 후 경사로를 내려오며 작품을 감상하게 한 유연하고 연속적인 동선 제시, 극적인 중앙공간을 중심으로 전체 전시공간을 하나로 묶은 공간 통합력, 이상적인 단위전시공간 단면이 전체 구조체계를 결정짓는 구조적 일체성을 이룬 것에서 찾을 수 있다. 곡벽을 배경으로 색다른 환경에 작품을 전시한 방법도 그러하다. 이처럼 무척이나 과감했던 실험성으로 인해 이후 뮤지엄들은 다양한 특징을 선별적으로 수용했다.

뉴욕 구겐하임 미술관의 영향으로 원형圓形의 공간이 도입된 뮤지엄의 사례는 앞서 언급한 바 있다. 포트로더데일 미술관Museum of Art Fort Lauderdale, E. L. Barne, Fort Lauderdale, 1985이나 증축된 릴레함메르 미술관Lillehammer Kunstmuseum, Snøhetta Arkitektur & Landskap AS, Lillehammer, 1993, 네안데르탈 박물관Neandertal Museum, Z. Kelp, Mettmann, 1997 등에서의 곡벽도 뉴욕 구겐하임 미술관의 선례가 큰 힘이 됐다.

1993년에 개최된 헬싱키 현대미술관Kiasma Museum for Contemporary Art을 위한 설계공모전에 제출됐던 다수의 작품이 곡면 전시벽을 갖고 있었다. 이런 드문 현상은, 호

헬싱키 현대미술관의 외관(위)과 전시공간(아래).

벨뷰 미술관의 외관.

수가 많은 핀란드의 자연을 자신의 건축에 반영한 알바 알토Alvar Aalto, 1898-1976의 나라인 만큼 곡벽에 대한 저항감이 적었고, 설계공모전 프로그램에서도 기존과는 다른 새로운 접근방식을 요구했기 때문이다. 이 현상설계는 북유럽 사람만 참가하도록 제한됐지만, 네 명의 외부 건축가가 별도로 초청됐다. 그런데 초청 건축가는 국제적으로 능력은 인정받고 있지만 현대 미술관을 한 번도 설계해 보지 않은 건축가로 엄격히 제한했다. 이는 뮤지엄 설계에서 새로운 접근법을 발견하기 위함이다. 기존 뮤지엄들과는 뭔가 다른 도전을 요구한 것이다.[119]

벨뷰 미술관의 전시공간.

당선자 스티븐 홀Steven Holl, 1947- 은 1998년에 완공된 이 미술관 전시공간의 곡벽을 언급하며, "전반적으로 직사각형이면서 한쪽 벽이 곡벽인 전시실들은 현대예술의 화려한 연출 속에서 고요한 배경막을 제시한다. 이 전시실들은 정지되지 않은 침묵을 위해 고안됐다. 이것의 불규칙성은 각 전시실을 차별화한다"[120]고 설명했다. 스티븐 홀이 다음으로 완공시킨 벨뷰 미술관Bellevue Arts Museum, Bellevue, 2000의 외관은 직각을 기반으로 한 구성이지만, 내부에서는 곡벽을 도입해 입구홀과 전시공간에서 유연한 공간성을 보인다. 독특함을 부각시키기 위해 곡벽을 바닥면에서 수직으로 세우지 않고 기울여 세웠던 첫 뮤지엄 계획안의 경험이, 다음 미술관 계획에도 흔적을 남긴 것이다.

이와 같이 뉴욕 구겐하임 미술관의 과감한 제안은 끈질기게 고수돼 왔던 전통적 전시공간을 타파하면서 이후 곡벽을 포함한 혁신적인 전시공간의 등장을 고무했다.

르 코르뷔지에의 무한성장박물관: 상관적相關的인 공간연속체로서의 이상적인 단위전시공간

라이트와 마찬가지로 뮤지엄의 새로운 전형을 찾고자 한 르 코르뷔지에는 1928년 속이 빈 지구라트를 연상시키는 세계박물관 계획안으로 뮤지엄 연구를 시작했다. 그가 설계한 도쿄 국립서양미술관은 비용이 마련될 때마다 필로티로 들린 2층에

킴벨미술관의 외관(위)과 전시공간(아래).

위치한 전시공간에 단위전시공간을 덧붙여 나가는 무한성장박물관의 개념에 따라 건립됐다. 여기서 이상적인 단위전시공간은, 전시공간이 있는 2층의 바둑판 격자형 기둥 모듈에서 격자 두 개의 폭과 하나의 넓이로 구상됐다. 이 단위전시공간이 필요에 따라 계속 덧붙여져 넓은 전시공간이 마련되면 가변적인 전시용 칸막이를 곳곳에 추가해 다양한 공간의 열림과 닫힘이 성취된다.[121] 이 단위전시공간에는 물론 최적의 자연광 유입을 염두에 두고 고안된 단면이 적용되어 있다. 빛 유입을 위해 층고가 낮춰진 곳이 생겨, 층고가 높은 부분과의 공간적 변화도 생겼다.

그 결과 일정한 넓이와 단면을 가진 기본적 전시단위들이 직각 나선형으로 덧붙여지면서 형성된, 이동 가능한 칸막이 배치로 전후좌우 공간과의 관계에 의해 정의되는 열린 공간이 마련됐다. 따라서 고전적 전시공간과는 전혀 다른, 자유로운 평면을 가지고 칸막이를 조정해 공간적 융통성과 가변성, 연속성을 얻는 근대적인 공간 특성을 지니게 됐다.

르 코르뷔지에 뮤지엄의 전시공간 구성 개념이 후대 뮤지엄에 미친 영향은 여러 양상으로 나타났다. 루이스 칸Louis Kahn의 미술관들은 구조적으로 명확하게 구분되는 단위전시공간이 상호간의 공간적 관계성을 중시하며 반복 배치되어 전체 전시공간화됐다. 모더니즘 건축 최후의 거장으로 평가받는 그는 멀리서 강연을 한번 들었을 뿐 대화조차 나눈 적 없는 르 코르뷔지에가 사망했을 때 "나는 이제 누구를 위해 일해야 하나?"[122]라고 탄식할 만큼 존경했다. 비록 자신도 대가로서 르 코르뷔지에와 건축에 대한 견해가 다른 부분이 많았지만 공감대 또한 넓었던 모양이다.

"방room은 건축의 시작이며 더이상 분할할 수 없는 단위다. 동시에 평면이란 방들이 그 속에서 서로에게 이야기를 하고 있는 것이며, 독특한 빛을 가진 공간의 구조다"라는 유명한 어록을 남긴 칸은, 전시단위에서도 외벽인 경우를 제외하고는 네 면이 모두 열린 방의 개념을 보여 준다. 입구회랑으로 쓰이는 세 개를 제외하고 열세 개의 둥근 천장이 있는 회랑으로 구성된 킴벨미술관Kimbell Art Museum, Fort

일드프랑스 선사박물관의 외관(위)과 전시공간(아래).

Worth, 1967-1972은, 칸이 빛의 효과를 고려해 구상한 길이 30미터, 폭 9미터, 높이 7.5미터의 사이클로이드 곡선의 천장을 가진 동일한 단위전시공간(방)이 반복되어 있다.[123] 각 단위는 상부에 공기조화 배관을 담은 폭 2.5미터, 높이 4미터의 회랑 연결부로 열린 채 연계돼 있어 일체화된 넓은 공간을 이룬다. 각 단위를 종적 또는 횡적으로 잇고 폭이 깊은 곳에 빛을 위한 중정을 두어, 구조, 공간, 빛의 명확한 통합을 특징으로 한다.

노출된 철근 콘크리트 구조에 의해 층과 켜가 시각적으로 분리된 루이스 칸의 예일대 영국미술센터의 내부 또한 필요에 따라 칸막이를 배치하면서 동일한 정사각형의 단위가 연결되었다. 즉 다양한 내부공간 구성이 가능한, 구조 격자에 의해 정의된 단위들이 서로 연관을 맺으면서 전체 전시공간을 이룬 것이다.

파리에 피카소 미술관을 설계했던 프랑스 건축가 롤랑 시무네Roland Simounet, 1927-1996의 일드프랑스 선사박물관Musée de la Préhistoire de l'île de France, Nemours, 1977-1983은 비록 각 단위전시공간은 분리됐지만 별도의 동선으로 연결되면서 각 단위 사이의 중정을 통해 상호관계가 성립되는 경우다. 전시공간은 폭이 5미터, 5.5미터, 6.5미터, 9미터로 다르고, 10.5미터의 동일한 길이와 단면 형식을 지녔다. 길이 방향으로 설치된 경량화된 들보이자 고측창형 천창을 통해 동·서향 빛이 확산되며, 공간의 성격이 거의 동일한 여덟 개의 전시실로 구성되어 있다. 입구홀 전체를 노출 콘크리트로 마감함으로써 얻은 내부공간의 간결성을 유지하기 위해 들보와 고측창이 노출된 전시실의 벽 또한 노출 콘크리트로 마감됐다. 빛 유입법과 높이 및 내부 마감의 동일성, 각 전시실에서의 동선구역과 전시구역의 분리 등 반복된 착상이 나타난다.

미로 재단 미술관.

이 외에도 스페인 건축가 세르트J. L. Sert가 설계한, 동일한 형식의 고측창을 가진 마그 재단 미술관Fondation Maeght과 미로 재단 미술관Foundació Joan

	프랭크 로이드 라이트의 뉴욕 구겐하임 미술관	르 코르뷔지에의 무한성장박물관 연구	미스 반 데어 로에의 신국립미술관
단위전시 공간의 특성	· 단면에서의 이상적인 단위전시공간 탐구: 5층인 나선형 미술관의 한 층을 기둥 간격인 30도 각도로 분할해 케이크 조각처럼 추출함. · 공간 통합력: 유연하고 연속적인 경사로로 일체화된 전시공간과 극적인 중앙공간이 생김. · 공간 연속성과 가변성: 동선의 흐름이 일방향적이며 자족적인 일정한 단면이 연속됨. 가변성에는 한계가 있음.	· 상관적인 공간연속체로서의 이상적인 단위전시공간: 동일한 단면, 평면상 격자형 기둥모듈에서 격자 두 개의 폭과 격자 하나의 길이로 구상함. · 공간 통합력: 돔이노 이론에 의거, 하중으로부터 해방된 칸막이를 사용한 열린 공간이 형성됨. · 공간 연속성과 가변성: 자유로운 칸막이 배치로 전후좌우 공간과의 관계성에 의해 정의되는 다방향적 공간이 형성됨.	· 투명한 단위전시공간의 이상적 극대화: 유리로 둘러싸인 넓은 전시공간이라는 이상과 미스의 '보편적인 공간' 개념을 접목함. · 공간 통합력: '비움'으로 얻어진 단일공간. · 공간 연속성과 가변성: 외부를 향한 투명성과 '보편적인 공간' 개념에서 얻어진, 개념적으로 무한대인 전시공간은 사실상 무방향성임.
현대 뮤지엄에 끼친 영향	A 경사로 활용과 중앙공간의 장점을 선별적으로 수용함. B 직각으로 구성된 전통적 전시공간을 탈피하여 곡면을 포함한 혁신적 전시공간을 창조하는 데 이바지함.	A 단위전시공간들을 상호간 공간적 관계를 중시하며 반복 배치. B 분리된 단위공간이 별도의 연결동선과 단위 사이의 중정을 통해 관계가 설정됨. C 최적 넓이와 빛 유입을 고려한 단위를 전시장이자 통로로 연결함.	A 유리로 둘러싸인 뮤지엄 계획을 고취함. B 전시공간에서의 '보편적인 공간' 개념 포기와 개실(room)화. C 용도 변경된 뮤지엄의 전시공간에서 대규모 공간 창조를 격려함.
영향을 받은 현대 뮤지엄	A 멕시코시티 신역사박물관, 하이 미술관, 그르노블 미술관 B 릴레함메르 미술관 증축부, 포트로더데일 미술관, 헬싱키 현대미술관, 네안데르탈 박물관	A 킴벨미술관, 예일대 영국미술센터 B 일드프랑스 선사박물관 C 마그 재단 미술관과 미로 재단 미술관	A 퐁피두센터, 아랍문화원, 독일우편박물관, 카레 다르 B 퐁피두센터, 카레 다르 C 르 마가쟁, 치네티 재단, 데 폰트 현대미술재단

표 6. 이상적인 단위전시공간 개념에서 본 전시공간의 변천.

Miró과 같이 최적의 넓이와 빛 유입을 고려한 단위를 전시장이자 통로로 연결시킨 경우처럼, 르 코르뷔지에가 제시한, 이웃 단위와의 연속적인 상관성에서 전시공간의 특성을 취하는 구성법을 발견할 수 있다.

미스 반 데어 로에의 신新국립미술관: 투명한 단위전시공간의 이상적 극대화

미스가 베를린 신국립미술관에서 시도한 '보편적 공간'의 전시공간화는 1851년 수정궁 이후 유리로 둘러싸인 광대한 전시공간이라는 이상과 그의 보편적 공간개념이 접목되어, 하나의 단위전시공간을 극대화하여 전체화시킨 새로운 유형으로 볼 수 있다. 그 결과 미스의 전시공간은 외부를 향해 열린 투명성과 한 공간으로의 통합이라는 특징을 지닌다.

미스는 초기 뮤지엄 계획으로 유리벽이 배경이 되는 전시공간을 가진 '작은 도시를 위한 미술관 계획안Museum for a Small City, 1942'을 언급하며, "내부의 조각들은 대등한 공간적 자유를 좋아하는데, 열린 평면이 조각들 주위의 언덕을 배경으로 감상될 수 있게 하기 때문이다. 피카소^{P. Picasso}의 〈게르니카〉 같은 작품은 종래의 박물관에 전시하기 어렵다. 여기서는 가장 돋보일 수 있다. 변화하는 배경에 대비해 공간에서 하나의 요소가 된다"고 했다.¹²⁴ 이 언급은 유리벽을 넘어 외부로 전시공간을 지각적으로 확장시키고 외부 풍경을 전시물의 배경으로 삼고자 하는 전례 없는 시도를 드러낸다. 이 경우 공간을 정의하는 것은 작품이다. 그는 얇고 투명하므로 약하고 외부와의 격리가 어렵다는 유리벽의 전통적 개념과 건축에서의 인식을 전도시키면서, 유리벽을 어떤 맥락 안에서 사용돼야 할 새로운 재료로 본 것이다.

스테인^{C. Stein}이 미래의 뮤지엄을 위해 유연성이 큰 구조물을 적시한 이후,¹²⁵ 미스는 분절되지 않고 통합된 공간 내에서 극도의 가변성과 융통성을 지닌 전시공간을 이상적이라 생각했다. 이와 같이 극대화된 단위전시공간에서의 시각적 공간적 단일화는, 분리된 전시실에서 사전에 분류된 전시품을 피동적으로 감상하는 이전 방식과 달리, 방문객이 주어진 예술 분류를 경험하고, 또 몸소 분류하는 경험을 하게 한다. 감상의 순로는 공간에 의해 주어지는 것이 아니라 방문객 스스로 만들게 되며, 그 결과 얻게 되는 공간인식은 사람마다 다르다. 완전히 자유로운 평면이라는 비현실적이지만 순수한 이상은, 미스가 내부와 외부의 단절이라는 종래의 개념을 뛰어넘어 개념적으로 무한대인 단위전시공간의 이상을 추구하였음을 보여 준다.

미스의 확대된 이상적인 단위전시공간은 뮤지엄 외피의 투명성과 단일공간으로서의 전시공간이라는, 받아들여지기 쉽지 않은 두 주제를 부각시켰다. 진정한 의미의 뮤지엄 건축에서 입면 전체가 유리로 마감되었던 초기의 뉴욕 현대미술관은 이후 필요에 따라 임시벽을 설치할 수 있도록 고안된 유리 커튼월의 출현을 예고했다. 이러한 투명한

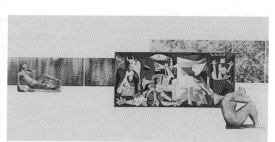

미스 반 데어 로에의 '작은 도시를 위한 미술관 계획안'.

뮤지엄 개념은 미스의 박물관에서 정착된 후 퐁피두센터, 아랍문화원, 독일우편박물관, 카레 다르 등의 중요한 박물관에서 채용됐다.

유리로 둘러싸인 단일공간으로서의 전시공간에 대한 이상은 퐁피두센터의 실패¹²⁶ 이후, 특히 신축 미술관에서는 사라졌다. 비록 투명한 외관은 아니지만 독일

연방공화국 국립현대미술관과 같은 특별한 신축 건물을 제외하면, 오히려 앞서 언급된 기존의 대공간을 재활용하는 뮤지엄에서 거론된 뮤지엄들같이 공장이나 창고 등을 전시공간으로 개조한 경우에서 발견할 수 있다. 규모가 큰 현대 예술품을 전시하고 때로는 설치작품 등을 현장에서 제작하는 데 요구되는 충분한 크기의 공간을 확보할 수 있다는 이점이 있다.

현대 뮤지엄 건축의 경향

스페인의 뮤지엄 건축 연구가 몬타네르J. M. Montaner는 세 거장의 뮤지엄 제안에 더해 프랑스 다다이즘 및 초현실주의 예술가인 뒤샹Marcel Duchamp이 뮤지엄의 완전한 붕괴를 주장하며 발표한 초현실주의 작품인 〈발견된 오브제들objets trouvés〉과 아주 작은 휴대용 뮤지엄으로 내세운 〈가방 속 상자Boîte en valise〉(1936-1941)를 1930년대 말과 1940년대 초에 나타난 근대 뮤지엄의 네 가지 서로 다른 본보기로 보았다.[127] 〈발견된 오브제들〉과 〈가방 속 상자〉는 이 장의 끝부분에서 다뤄질 현대 뮤지엄의 대안적 공간 사례로서, 당시 암중모색 속에서 고된 탄생의 진통을 겪고 있던 뮤지엄 건축의 실상을 적나라하게 보여 준다.

현대 뮤지엄의 건축적 특징을 어떻게 정리할 수 있는가는 연구자들의 관점에 따라 차이는 있지만 그 경향을 몇 가지 범주로 분류할 수 있다. 여기서는 몬타네르의 저서 『21세기를 위한 뮤지엄Museum for the 21st century』[128]에서의 분류, 이 분류에 의거해 미술관 건축의 현재상을 일곱 가지 트렌드로 제시한 김은경의 연구[129]와 뉴하우스Victoria Newhouse의 저서 『새로운 뮤지엄을 향하여Towards a New Museum』[130]에 나오는 현대 뮤지엄 건축의 흐름을 참조한다. 이 연구들에 나타난 구성 및 형태적 특성, 내외부의 환경적 관점, 공간 성격, 증축된 뮤지엄의 성과와 특성, 물성적 존재에 대한 물음으로 정리해 본 것이 〈표 7〉이다. 표를 통해, 현대 뮤지엄이 모든 면에서 양극화에 이르기까지 다양한 양태를 드러냄을 새삼 확인할 수 있다. 단순하거나 복잡한 구성, 형태미의 중시 또는 거부, 공적이거나 사적인 환경, 신성하거나 대중적인 공간성이 공존한다. 뮤지엄에서 중요한 확장성에서 성공하거나 실패하기도 하고, 뮤지엄 건

뒤샹의 〈가방 속 상자〉.

구성	단순	White Cube의 진화
	복합	Collage Museum
형태	중시	Museum as Environmental Art / 예술품으로서의 뮤지엄
	거부	형태를 거부하는 뮤지엄
환경	공적	Museum as Entertainment / 뮤지엄의 역할 진화
	사적	Monographic Museum / 맞춤형 뮤지엄
공간성	신적	Museum as Sacred Space
	대중적	Museum as Environmental Art / Museum as Entertainment
확장성	성공	Wings That Fly
	미비	Wings That Don't Fly
존재	변이	Museum as Subject Matter: Artist's Alternative Spaces / 체제를 거부하는 뮤지엄
	비존재	Virtual Museum

표 7. 현대 뮤지엄 건축의 경향.

물을 대체하는 대안을 찾거나 아예 사이버 공간으로서의 뮤지엄이 모색되기도 한다. 이제 상기 연구자들의 분석을 바탕으로 각각의 상황을 좀 더 자세히 들여다보고자 한다.

구성적 특성

현대 뮤지엄 건축의 구성적 측면에 나타나는 특성으로, 〈표 8〉과 같이 근대적 정신의 순수미학을 바탕으로 한 백색 상자White Cube의 중립적 합리적 장점을 간직하면서, 동시에 융통성과 성장 가능성에 대비하고 기술과 정보가 어우러진 가볍고 투명한 뮤지엄을 지향하는 경향이 있다. 르 코르뷔지에와 미스 반 데어 로에의 상자형 뮤지엄 제안에서 영향받은 이 경향은, 비록 초기의 추상적 특질은 점차 없어졌지만, 두 거장이 모색했던 명료한 형태, 개방적이고 융통성있는 공간, 최고의 접근성, 순환 유발 요소들의 중시, 근대적이고 보편적인 공간에서의 자연광, 극도의 기능성, 성장 가능성, 중성, 공간과 전시물 사이 매개물의 부재 등과 같은 특성을 상당 부분 공유한다. 뉴욕 현대미술관에서 비롯된 수직적 상자형 뮤지엄이 생겨났고, 퐁피두센터나 테이트 모던처럼 가볍고 명료하며 거대 구조물인 예술품 컨테이너로 진화했다. 단순하면서 닫혀 있고 불투명했던 상자가 개념적 기술적 진보와 함께 거대하고 투명한 파빌리온으로, 다기능적인 전자electronic 상자로 변모해 간 것이다.

헤트 발크호프 미술관.(위)
그로닝언 미술관.(아래)

이와 대조를 이루며 포스트모더니즘의 영향을 받아 상징적 은유적 수사적 해설적 기법이 가미돼 복합적 성향을 보이는 뮤지엄들이 있다. 모더니즘 건축과 포스트모더니즘 건축의 대비되는 특질이 그대로 뮤지엄 건축에 반영된 경우다. 전자가 간소하고 깔끔한, 지성적인 이미지를 드러내는 반면, 대중문화적이거나 풍자적인 후자는 뮤지엄의 형태나 공간, 재료의 분절화를 통해 갖가지 단편을 모아 제시함으로써 대중에 쉽게 접근하는 친화성을 추구한다. 파편들의 콜라주로서의 뮤지엄은 대중문화의 승리이자 단순한 뮤지엄이 안쪽으로부터 파열됨을 뜻한다. 고급문화의 성채에서 내려와 더 쾌락적이고 대중적이며 즐겁게 소통하는 대중문화산업의 실력자로 변신한 것이다.

특히 오늘날의 미술관에서 이런 경향이 두드러지는데, 은유적이고 설명적이며 묘사적인 가치를 더욱 중시한다. 예술품과 그것을 담는 용기인 전시공간의 표현성 사이에서 상호작용과 관계의 가능성을 탐색해 보는 것이다. 스털링이 설계한 슈투트가르트 시립미술관 신관에 공존하는 근대적 공간성(입구홀)과 고전적 공간성(전시공간)처럼 이질적인 형태와 재료 사이의 산책은 앞서 살펴보았다. 홀라인의 압타이베르크 미술관과 프랑크푸르트 근대미술관은 특정한 동선이 우선시

		건축적 특성	사례 뮤지엄
단순	White Cube의 진화	· 단순 이미지의 내외부이지만 다양한 전시 동선과 공간적 확장성을 가짐. · 가볍고 투명한 볼륨화. · 현대적 기술과 정보가 극대화된 다기능 메가박스 구현을 추구함.	· 헤트 발크호프 미술관 · 뉴욕 현대미술관의 아트리움 · 테이트 모던의 터빈홀
복합	콜라주 뮤지엄	· White Cube에 반대함. · 포스트모더니즘의 영향을 받음. · 모던의 정신에 맞서 자율성, 개성, 장식성, 친근성 도모. · 상징적 은유적 수사적 해설적 표현. · 팝아트, 패러디, 콜라주 기법 도입.	· 제임스 스털링의 뮤지엄들 · 한스 홀라인의 뮤지엄들 · 레이나 소피아 아트센터의 증축부 · 그로닝언 미술관 · 로스앤젤레스 현대미술관

표 8. 현대 뮤지엄 건축의 구성적 특성.

되지 않는 포스트모더니즘 뮤지엄의 새로운 건물형이다. 이탈리아 건축가이자 디자이너인 알렉산드로 멘디니Alessandro Mendini, 1931- 의 주도로 설계된 그로닝언 미술관Groninger Museum, Groningen, 1993-1994의 경우 프랑스의 뛰어난 산업 디자이너 필립 스탁Philippe Stark, 밀라노 출신 건축가 미켈레 데 루치Michelle de Lucchi, 1951- , 1968년에 설립된 오스트리아 해체주의 설계회사인 쿱 힘멜블라우Coop Himmelblau 등이 협력했다. 로스앤젤레스 현대미술관은 로스앤젤레스 도심의 플라자와 안뜰 주위에 배열된 산재되고 분절된 볼륨들의 표현으로 나름의 정체성을 갖는다.

형태적 특성

현대 뮤지엄에는 과감히 자신을 형태적으로 드러내 눈길을 끌려는 경향과 주변 속에 자신을 감추거나 형태의 의미를 최소화하려는 경향이 동시에 나타난다. 전자는 환경예술로서의 뮤지엄 또는 예술품으로서의 뮤지엄의 면모를 드러낸다. 이런 뮤지엄들도 눈길을 끄는 것만이 목적은 아니며, 대지 환경이나 전시 프로그램 등 추출할 수 있는 모든 면을 가동해 형태 선택의 당위성을 찾는다. 뮤지엄이 전시품을 위한 배경의 역할에 머물기를 거부하고 스스로 하나의 작품으로, 랜드마크로 나서서 대중 흡인력에서 장점을 보이는 것이다. 구성적 특성으로 보면 복합적 구성에 가깝다.

프랭크 게리의 비트라 디자인 뮤지엄 측면.

			건축적 특성	사례 뮤지엄
형태	중시	· 환경예술로서의 뮤지엄 · 예술품으로의 뮤지엄	· 능동적 용기(容器)로서의 뮤지엄: 배경으로 만족하지 않고 건축이 예술작품에 호응, 전체를 이룸. · 환경적 건축: 어떤 특정한 장소를 위해 만들어진 건축. · 삼차원적 예술작품을 건축으로 확대. 도시 맥락 안에서 인상적인 효과를 노려 도시 속의 랜드마크가 됨.	· 베를린 유대인박물관 · 프랑크 게리의 뮤지엄들 · 루이스와 리처드 로젠탈 현대미술센터 · 밀워키 미술관
	거부	형태를 거부하는 뮤지엄	· 전통적 뮤지엄이라는 존재에 대한 부담감 및 중압감. · 주변환경에 스며들어 스스로를 숨김. · 투명하거나 가벼운 재료로 중압감을 극복함. · 빛이나 새로운 영상매체를 이용해 미술관의 물성을 모호화함.	· 오클랜드 미술관 · 지베르니 아메리칸 미술관 · 알타미라동굴 박물관 · 스톡홀름 근대미술건축 박물관 · 브레겐츠 미술관 · 카를스루에 예술미디어센터 · 마티스 미술관 증축부

표 9. 현대 뮤지엄 건축의 형태적 특성.

　반면에 형태를 거부하는 뮤지엄들은 주변환경에 스며들어 존재감을 스스로 감소시키거나 가장 단순한 형태를 취하고, 뮤지엄의 물성을 약화시켜 전통적 뮤지엄의 부담감과 중압감을 줄이고자 한다. 이 뮤지엄들의 차분하고 세련된 모습은 또 다른 호소력을 가지므로, 형태를 과시하는 뮤지엄들 못지않은 호감을 끌어낸다. 그러나 단순함을 취했다고 해서 꾸밈없이 간소하게 느껴지는 경우는 그리 많지 않다. 미니멀한 특성은 정확성이 생명이다. 따라서 건축에서의 단순함은 정밀하고 조직적인 배열이 성취됐을 때 가치를 얻는다. 핵심만 남기고 욕구와 필요를 여과하되 모든 것이 정확하게 정의돼야 한다. 정교한 디테일은 그것을 가능케 하는 기본조건이다.

　이 두 부류의 선택은 건축가의 평소 작품 성향에 따른다. 건축주의 의지 역시 어떤 건축가를 선택했느냐에 반영되었을 것이다. 카를스루에 예술미디어센터Zentrum für Kunst und Medientechnologie Karlsruhe의 미디어 큐브 media cube는, 1989년에 개최된 국제설계공모전에 당선되어 큰 주목을 받았으나 비용 문제와 기존 건물의 공간활용 문제로 취소된 렘 콜하스의 디자인을 참조해 1993년 함부르크의 슈베거P. Schweger 가 설계한 것이다. 외피에 이미지 정보를 띄우거나 변화무쌍한 색을 머금게 하려는 시도가 물질감을 최소화시켰다.

오클랜드 미술관.

초기 사례로 자신의 모습을 겸손하게 감추고 있는 오클랜드 미술관Oakland Museum, Kevin Roche, Oakland, 1962-1968, 최근에 Oakland Museum of California로 개칭됨은, 인접한 시청광장에서 샌프란시스코 만의 바다를 바라보는 것을 가리지 않기 위해 경사지를 따라 지면 아래에 건물을 배치해, 옥상이 테라스 역할을 하게 했다. 당초 계획했던 미술관, 자연사박물관, 역사박물관 모두 테

노트르담 대성당 뒤편 공원에서 본 제이차세계대전 강제이송 희생자 기념관.

라스 겸 정원으로 구상하여, 계단식 건물의 각 층은 테라스를 통해 내부로 들어올 수 있다.[131] 이 테라스들은 다른 층으로 오르내리는 통로이기도 하다.

마티스 미술관Musée Matisse은 1963년 니스Nice의 시미에 언덕 위 공원 안쪽에 위치한, 17세기에 건립된 아렌 저택Villa des Arènes에 자리잡았다. 건축가 보댕Jean-François Bodin, 1946- 에 의해 증축되어 1993년 재개장한 이 미술관의 신관은, 방문객들이 공원을 통해 접근해 올 때 너머로 보이는 지중해를 가리지 않기 위해 지하로 내려졌다. 옥상은 지중해를 바라보는 테라스로 활용된다. 구관과 주변 환경을 존중해 건축가로서의 형태 표현 욕구를 자제하고, 대신 좋은 내부공간으로 보상받는 미술관에 만족한 것이다.

제이차세계대전 강제이송 희생자 기념관의 전시공간 안쪽에서 좁은 입구를 통해 작은 앞마당의 조각물을 본 모습.

파리 노트르담 대성당의 뒤편 공원 끝자락에 눈에 잘 띄지 않게 자리잡은 제이차세계대전 강제이송 희생자 기념관Mémorial des Martyrs de la Déportation, Goerges-Henri Pinguisson, Paris, 1962은 독일 강점 시 프랑스를 통치했던 괴뢰정부인 비시Vichy 정부 하에서 수용소로 강제 이송된, 이십만 명이 넘는 희생자를 추모하는 곳이다. 개별적 죽음을 상징하기 위해 한 명만 지나다닐 수 있도록 폭이 좁게 계획된 계단을 통해 밑으로 내려가면 작은 마당에 조형물만 하나 있다. 쇠창살이 꽂혀 있는 개구부를 통해 시간을 초월해 흐르는 센 강이 바로 눈앞에 보인다. 강 너머에서 보면 강둑에 나 있는 이 개구부는 강제수용소의 창살을 연상시킨다. 뒤돌아서 보이는 작은 문의 안쪽에는 감방 모양의 공간과 꺼지지 않는 불이 있다. 별다른 진열품 없이 비어 있는 이곳에는 아우슈비츠 등과 같은 강제수용소

알타미라동굴 박물관.

의 이름들이 적혀 있다. 이 공간에서 느끼게 되는 전쟁과 억압, 죽음에 대한 공포
는 자유를 환기시킨다. 건축가 정기용鄭奇鎔의 평가처럼 이 기념관은 건축의 본질
을 실현한 사례로, 오직 공간만으로 우리의 내면을 일깨운다. 아무것도 없는 것
같지만 많은 생각을 안겨 주는 곳이다.

많은 천주교 신자들이 순교했던 장소에 역사공원을 마련하기 위한 서소문 밖 역
사유적지 설계공모전의 당선작윤승현, 2014도 '역사를 음각한 공원, 반전의 도시EN-
CITY_ENGRAVING the PARK'라는 개념에 따라 침묵광장과 순교성당 같은 주요 공간이
조각도로 파낸 듯 땅속에 새겨져 있다. 건축물을 정물로 다루지 않고 동적 움직임
을 통해 완성시키고, 순례길을 현대적으로 해석했다는 평가를 받은 이 작업은 "신
앙과 신념을 지키기 위해 희생된 이들을 기리는 장소이기에 건축가가 우월한 태
도를 가지지 않고 조작하지 않기를 바라며 조심스럽게 임한" 결과다. 제이차세계
대전 강제이송 희생자 기념관처럼 희생이나 순교를 기억하는 장소로서 건축이 나
서는 것을 자제하려는 의식이, 땅속이 인간에게 주는 의미와 어우러져 지상의 번
잡함을 떠난 명상적인 공간을 낳았다.

앞서, 인접한 모네의 집을 의식해 단층으로 지어지고 마치 원래의 구릉 밑에 들
어 있는 듯 지붕에 히스를 심어 자신의 모습을 최대한 감춘 지베르니 아메리칸 미
술관을 살펴보았다. 모네의 제자들인 미국 인상주의 화가들의 작품을 다수 소장
하고 있던 미국인 억만장자 테라Terra는 비밀리에 모네의 집 주변의 땅을 사들인 다
음 동네가 관광객으로 더 북적댈 것을 우려하는 주민들의 반발을 감안해 최대한
눈에 띄지 않는 미술관을 건축가에게 요구했다.[132] 이유는 다르지만 알타미라동굴
박물관Museum of the Altamira Caves, J. N. Baldeweg, Sanillana del Mar, 1995-2001도 오클랜드 미술

관이나 지베르니 아메리칸 미술관처럼 자연 경사지 속에 스며든 모습이다. 여러 높이의 테라스가 되어 박물관 후면의 지면과 높이를 맞춘 지붕에는 잔디가 심어져 있다. 이 박물관은 형태적으로 지하로 잠겼을 뿐 아니라 자연석과 황토색 미장을 사용해 주변 환경에 녹아들고자 했다. 알타미라동굴과 200미터 떨어진 이곳에서는 최신의 기술로 모사된 구석기 시대 그림들과 동굴 분위기, 심지어 습도까지 원래의 동굴을 재현했다. 알타미라동굴에 대한 겸양의 표현이기도 할 이런 낮춤을 통해 건물의 드러남을 최소화해 주변환경에 부담을 줄여 주는 것은, 그곳이 외부로의 조망에 대한 염려 없이 내부 지향적일 수 있는 뮤지엄 건축이기에 가능하고 또 쉽다.

스톡홀름 근대미술건축 박물관이 주변 건물의 크기와 재료, 형태에 자신을 동화시킨 것도 앞에서 살펴보았다. 에칭된 유리로 마감돼 흐릿하게 보이는 단순한 상자형의 브레겐츠 미술관은 브레겐츠의 하늘과 스위스, 독일, 오스트리아의 국경을 면한 콘스턴스 호수의 물을 반사하며 없는 듯 서 있다.

환경적 특성

현대 뮤지엄 건축의 내외적 환경은 공적인 성격과 사적인 성격으로 구분되어 나타난다. 공적 환경의 뮤지엄은 흔히 공간적으로 열려 있고 형태적으로 눈길을 끌며 대중의 방문을 기다린다. 환경예술로서의 뮤지엄도 이 부류에 속한다. 현대 뮤지엄의 다양화된 역할을 수용해 엔터테인먼트 시설이 되기도 한다. 대도심이나 주변이 아름다운 공원같이 유리한 장소를 점유했거나 규모가 커서 처음부터 많은 방문객이 오기를 기대한다. 형태와 재료 및 색채에서 눈길을 끄는 그로닝언 미술관의 축제적인 분위기, 로스앤젤레스 인근의 언덕 위에서 현대판 아크로폴리스를 꿈꾼 게티 센터의 웅장함, 여섯 개 층이 아래위로 트인 아트리움을 도입해 뉴욕 현대미술관의 새로운 중심장소가 되기를 원했던 일본 건축가 다니구치 Yoshio Taniguchi, 1937- 가 실현한 증축부의 연속적인 공간성 1997-2004, 도쿄타워보다 더 각광받는 도쿄 전망 관광지로서 롯폰기 힐스 모리 빌딩의 52-53층을 차지해 하늘에서 가장 가까운 뮤지엄으로 불리는 모리아트센터 Mori Art Center,

하늘에서 본 게티 센터.

인젤 홈브로이히 미술관의 전시용 건물.(위)
치네티 재단의 전시공간.(아래)

森美術館의 활기와 같은 많은 사례를 볼 수 있다.

반면에 사적 환경은 공적 환경보다 훨씬 내밀하여 차분한 분위기를 보인다. 주로 사설 뮤지엄이나 맞춤형 뮤지엄들이 여기에 해당하며, 강한 독자성을 드러낸다. 공적인 성격의 뮤지엄들보다 한적한 장소에 위치하거나 소규모인 경우가 많아 소수의 애호가들을 기다린다. 불특정 다수의 동시 방문은 고려 대상이 아니기도 하다. 이 경향의 뮤지엄들은 처음부터 전시물을 의식한 공간 구축을 할 수 있으므로 전시품과 건물의 호흡을 맞추기가 더 쉽다. 상대적으로 작은 규모 안에 인간적 스케일의 전시공간이 마련되므로 들어서면 마음이 편안하다. 소장품과 전시품이 상대적으로 적은 경우가 많으며, 전시면적에 비해 소장품이 많아도 한 벽에 작품 하나씩만을 걸거나 한 전시실에 한 작품만을 내세워 작품의 가치를 돋보이게 하기도 한다.

여러 건축가들과 조각가, 화가가 협력해 1982년부터 시작해 현재까지도 조성 중인[133] 인젤 홈브로이히 미술관Museum Insel Hombroich, Neuss처럼, 방문객들이 아름다운 자연 속에서 산책과 명상을 하며 전시용 건물들 사이를 거닐 때는 공적 환경이 강

		건축적 특성	사례 뮤지엄
공적	· 즐거움으로서의 뮤지엄 · 뮤지엄의 역할 진화	· 뮤지엄의 엔터테인먼트 매체화. · 일상생활의 부분으로서 오브제의 감각적인 즐거움을 향유. · 요새 같았던 미술관이 도시 맥락을 향해 개방됨. · 방문객을 많이 수용하기를 기대하며 상업시설 입주 등으로 적자를 보전할 수 있음. · 소장, 전시 시설에서 교육, 편의 시설로 변모함.	· 그로닝겐 미술관 · 게티 센터 미술관 · 다니구치의 뉴욕 현대미술관 증축부 · 모리아트센터 · 인젤 홈브로이히 미술관 · 뮤지엄 산
사적	· 모노그래픽 뮤지엄 · 맞춤형 뮤지엄	· 과거의 갤러리나 캐비닛같이 사적인 환경을 선호하는 경향이 있음. · 주로 사적인 뮤지엄들로서 예술과 건축의 성공적 정합(整合)을 기대함. · 개인 건축주와 개인 컬렉션의 강한 아이덴티티가 존재함. · 미술관의 기본요소에 집중해 최적의 공간을 마련하고 그것을 형태로 표현함. 소장품과 모든 행태를 포함한 미술관 내용을 반영하고 장소적 역사적 맥락을 중시함.	· 메닐 컬렉션 · 바이엘러 재단 · 인젤 홈브로이히 미술관 · 괴츠 컬렉션 · 풀리처 예술재단 · 카스텔베키오 미술관 · 치네티 재단 · 뮤지엄 산

표 10. 현대 뮤지엄 건축의 내외적 환경.

하다가 각 전시건물에 들어가서는 사적 환경의 분위기를 누리는 경우도 있다. 미니멀한 내부를 지닌 작고 단순한 형태의 전시건물들은 자연 속의 오브제로서 마치 보석상자처럼 작품 설명조차 붙어 있지 않은 전시물을 품고 있다. 안도가 설계한, 입구동과 전시동 사이에 넓은 공원이 있는 원주의 뮤지엄 산도 이와 비슷하다. 본 전시동의 규모는 인젤 홈브로이히 미술관보다 크지만 미술관 전체를 두 겹으로 감싸는 외벽을 따라 놓인 긴 복도를 통해 연결되며, 소규모로 분할된 각 전시실은 사적 성격이 강하다. 인젤 홈브로이히 미술관처럼 외부에서는 공적 성격이, 내부에서는 사적 성격이 느껴진다.

공간적 특성

현대 뮤지엄 건축은 공간성 측면에서 과거 뮤지엄이 예술품을 위한 전당으로 존재하며 가졌던 신성함을 여전히 품고 있지만, 다수의 방문객이 스스럼없이 즐기는 대중적 장소로서의 공간성도 보인다.

전자는 안식과 위로를 얻기 위해 성당이나 절 같은 종교시설로 향했던 발걸음을 승계한 측면이 있으며, 전시품 감상을 통해 방문객들에게 휴식과 문화적 충족감을 선사하는 곳이라고 여긴다. 따라서 전시품으로 관심을 집중시키기에 유리하도록 안정감이 있으면서 간결한 공간을 제시한다. 전시공간의 벽과 천장은 주로 흰색이며, '감동으로서의 빛'이 주의 깊게 다뤄진다. 자연광을 받는 주변이 형태적으로 단정해야 빛이 주체로 존재한다. 그렇지 않으면 가장 주요한 건축 재료인 빛이 비트라 디자인 뮤지엄에서처럼 장식품으로 전락한다.

여기에 속하는 사례인 도쿄 국립박물관 호류지보물관National Museum of Horyu-ji Treasures, Yoshio Taniguchi, Tokyo, 1994-1999은 단순성을 중시하는 건축적 표현법과 역사적 참조를 즐겨 함께 적용하는 건축가의 평소 건축철학이 그대로 반영됐다. 천 년 넘게 일본 불교의 산실인 호류지에 보관되는 동안 숭배받던 유물들은 고전적 근대주의와 고유한 전통건축의 능숙한 조합을 통해 구축된 성스러운 분위기 속에서 전시되고 있다. 지그재그 길을 통한 접근, 자연을 중시하여 외부뿐 아니라 내부에서도 이동 중에 공원을 향한 전망을 많이 둔 점, 대칭인 파사드와 달리 출입구가 비대칭으로 배치되는 등 모두 일본 전통사찰의 특징이다. 로비에 있는 유리 전창窓의 조밀한 창살 역시 전통적 디테일의 흔적이다. 창문 없이 석회암이 입혀진 전시공간은 빛과 습기에 민감한 내용물들을 격리시키는 저장소인 쿠라藏로 되돌아갔다. 도

		건축적 특성	사례 뮤지엄
신적	신성한 장소로서의 뮤지엄	· 과거의 성당 역할을 뮤지엄이 대행. · 중성적 익명적 공간으로 빛 처리, 스케일, 텍스처가 중요함. · 소규모 뮤지엄에 적합하나 대규모 뮤지엄도 있음.	· 도쿄 국립박물관 호류지보물관 · 헬싱키 현대미술관 · 브레겐츠 미술관 · 샌프란시스코 근대미술관 · 바르셀로나 현대미술관
대중적	환경예술로서의 뮤지엄 즐거움으로서의 뮤지엄		

표 11. 현대 뮤지엄의 공간 성격.

요타 시립미술관Toyota Municipal Museum of Art, Toyota City, 1991-1995처럼 다니구치가 설계한 여러 뮤지엄들은 공통적으로 신성한 장소로서의 특성을 띠고 있다. 이 외에도 앞서 거론된 헬싱키 현대미술관이나 브레겐츠 미술관, 샌프란시스코 근대미술관, 바르셀로나 현대미술관 등이 신성한 분위기에서 작품을 전시한다. 미니멀한 실내 장식, 흰 벽, 주의 깊게 다뤄진 자연광 같은 부분은 공통된 특징이다. 샌프란시스코 근대미술관의 높은 내부중정에 빛을 들이기 위해 원형으로 뚫린 개구부를 받치는 네 기둥 사이의 계단은 마치 신전이나 성당의 제단인 닫집[134] 같다.

반면에 대중적 공간성을 보이는 뮤지엄들은 앞서 거론된 환경예술과 즐거움이라는 공간 특성을 지닌다. 눈길을 사로잡는 형태미를 드러내고자 하는 의도가 내부공간에도 반영돼 복합적인 공간을 연출하며, 보다 역동적이고 흥겨워 대중들에게 쉽게 다가간다. 전시품 외에도 다양한 요소들이 공

도쿄 국립박물관 호류지보물관 외관(위)과 전시공간(아래).

존하고 있어 시끌벅적하기도 하지만, 가벼운 나들이 장소로서는 별다른 문제가 되지 않는다. 앞에서 여러 차례 거론된 프랭크 게리 같은 건축가는 뮤지엄 건물이 대중적 스타 같은 존재가 돼도, 이런 견해가 반영된 전시공간이 예술품을 보잘것없이 만드는 게 아니라 오히려 가치를 높여 준다고 믿었다.[135] 이렇게 과격한 발언을 했지만 최소한의 안전장치는 있다. 대중적 공간성을 목표로 하면서도 평면과 단면상에서 흰 벽과 바닥의 직각과 평탄성을 최대한 견지하고, 전시품이 보이는 눈높이 조금 위까지 통상적인 벽면을 제공해 전시물 감상에 필요한 최소한의 안정감을 전시공간에 부

여한 것이다. 대신 변화 있는 천장부로 역동성을 표현한다. 전시공간 내에서의 과도한 엄격성은 약화시키면서 이완되고 편안한 전시환경을 도모하기 위함이다.[136]

현대 뮤지엄의 확장성

현대 뮤지엄은 여러 이유로 증축된다. 컬렉션 증가에 대응하거나 뮤지엄에 새로운 활력을 불어넣으려는 정책에 의해 확장되기도 한다. 수장과 전시에 더해 교육과 여가의 장소라는 존재 이유가 덧붙여졌고, 재정 개선을 위해 상업시설이 추가로 들어서기도 한다. 마치 그대로 머물러 있으면 정체되고 퇴보한다는 듯이, 뮤지엄을 계획할 때는 향후 증축을 어떻게 할 것인가에 대한 제안이 대부분 포함된다. 라이트가 뉴욕 구겐하임 미술관을 설계했을 때 제기됐던 반대 이유들 중 하나가 향후 증축 가능성에 대한 의혹이었다. 나선형으로 이미 완결된, 자체 충족적인 모습에는 증축의 여지가 없어 보였다. 이 비난에 대해 라이트는 건물의 뒤편 좁은 땅에 폭이 좁고 긴 10층의 상자형 건물을 끼워 넣으면 된다는 스케치를 남겼고, 이후 실제로 과스메이Charles Gwathmey, 1938-2009에 의해 8층 건물로 증축1985-1992됐다. 한편 르 코르뷔지에의 무한성장박물관 개념은 가운데 부분을 먼저 지은 다음 자금이 조금 모일 때마다 직각 나선형 방향으로 계속 건물을 덧붙여 나가는 방식임을 앞에서 살펴보았다. 그만큼 뮤지엄에서 향후 증축은 반드시 대비해야 할 과제다.

〈표 12〉는 성장하는 뮤지엄이라면 피할 수 없는 확장이 성공적이었는지 아니면 소기의 목적을 달성하지 못하고 있는지를 따져 본 것이다. 면적을 넓혔다고 해서

		건축적 특성	사례 뮤지엄
확장성	비행하는 날개	· 뮤지엄 확장: 공간 부족 또는 새로움을 원하는 데 대한 대응. · 수리, 복원보다는 새 날개(wing)를 다는 게 자금조달에 용이함. · 국·공립일 경우 확장은 정책 성공을 상징함.	· 예일대 미술관 · 슈투트가르트 시립미술관 신관 · 내셔널 갤러리 세인즈버리 신관 · 휴스턴 미술관의 오드리 존스 백 신관 · 뉘 칼스버그 조각미술관
	날지 못하는 날개	· 과다하거나 부적절한 확장.	· 뉴욕 현대미술관 · 뉴욕 구겐하임 미술관 · 메트로폴리탄 미술관 · 레이나 소피아 아트센터 증축부 · 워커 아트센터 신관

표 12. 증축된 현대 뮤지엄의 성과와 특성.

트래펄가 광장에서 본 런던 내셔널 갤러리 신관(좌측)과
구관(우측).

뮤지엄이 성공적으로 성장하는 것은 아니다. 여러 관점에서 증축의 성공 여부를 판단할 수 있겠지만 건축적으로 중요한 요소 중 하나는 기존 건물과의 관계 설정이다. 구관과 신관은 우열을 경쟁할 비교의 대상이 아니라 서로를 보완해 주고 돋보이게 하는 시너지 효과를 주어야 한다. 자칫하면 의욕 과다로 필요 이상의 규모를 욕심내 규모와 효용에서 불균형을 초래하기도 한다.

슈투트가르트 시립미술관 신관은 독일 내 뮤지엄 중 방문객 순위 50위권이었다가 증축 후 단숨에 1위로 뛰어올라 매우 성공적인 증축의 사례로 꼽힌다. 런던 내셔널 갤러리 세인즈버리 신관은, 개관했을 때 이미 미학적 기능적으로 많은 비판에 직면했던 내셔널 갤러리the National Gallery, W. Wilkins, London, 1837의 약점을 보완하기 위해 기획됐던 증축이 뒤늦게 이루어진 경우다. 기존 건물과 높이를 맞추고 동일한 포틀랜드 석재를 사용했으며 구건물 파사드의 고전적 요소들을 채택했는데, 유리 다리로 연결된 두 건물은 트래펄가 광장에서 볼 때 잘 어울린다.

반면에 메트로폴리탄 미술관The Metropolitan Museum of Art, Kevin Roche, New York, 1970-1990

워커 아트센터 신관.

의 경우 이십 년간 다섯 차례나 증축되면서 하나의 지붕에 너무 많은 부분을 수용해 건축적 정체성이 사라졌다. 방문객은 미술관 내에서 자신이 어디에 있는지, 어디로 가야할지 모른 채 길을 잃곤 한다. 여러 차례 수평, 수직적으로 과다 증축한 뉴욕 현대미술관도 마찬가지다.[137] 이미 네 차례의 증축이 이뤄졌는데도 세인트 토마스 교회St. Thomas's Church를 뺀, 미술관이 있는 구역을 다 차지할 기세다. 시저 펠리Cesar Pelli, 1926- 가 작업한 50층이 넘는 주거용 타워의 아랫부분을 차지한 전시공간은 관람 동선이 길어졌고 코어[138] 때문에 공간 융통성은 줄어들었다. 기존 미술관이 명품으로 인정받는 뉴욕 구겐하임 미술관의 경우 뒤편에 붙인 얇고 높은 상자형 증축이 원본의 아름다움을 훼손했다고 여겨진다. 미술관의 원설계자인 라이트의 스케치를 준수했음에도 불구하고 미술관을 좌변기처럼 보이게 한다는 비판마저 나왔다.

현대 뮤지엄의 존재성

현대의 뮤지엄은 때로 장소를 차지하는 건물이라는 물성적 존재 개념을 벗어나기도 한다. 기존 뮤지엄의 한계를 넘어선 대안적 공간이 모색되거나 기술 발달로 인한 각종 전달매체를 활용하는 가상의 뮤지엄도 거론된다. 몇몇 예술가들은 건물로서의 뮤지엄에 대한 대안을 제시하며 기존의 관념을 허물고자 시도했다. 실제에 가까운 해상도를 내는 것이 어렵지 않은 기술의 발전은 이런 시도를 부추긴다. 이렇게 뮤지엄 건축물의 존재와 연관된 변이의 특성과 가상의 뮤지엄을 거론하게 된 사유를 〈표 13〉에 정리했다.

20세기 뮤지엄 반대론anti-museum의 근원이라 할 수 있는 〈가방 속 상자〉 또는 〈들고 다닐 수 있는 뮤지엄〉은 1960년대에 예술과 생활의 통합을 시도하고 예술 속에 즐거움과 감흥을 접목시키고자 한, 극단적인 반예술적 전위운동인 플럭서스Fluxus의 작업 중 하나다. 1990년대에는 '운반할 수 있는 국립미술관the National Museum of Portable Art' 같은 '여행가방 미술관suitcase-museums'이 여러 모습으로 등장했다. 발터 베냐민Walter Benjamin의 '상상 뮤지엄imaginary museum' [139]과 앙드레 말로A. G. Malraux의 원본이 없이 사진 복제품만 있는 '벽 없는 뮤지엄Museum without Walls'에 이어 가상 미디어 뮤지엄virtual and media museum 아이디어에 이르기까지 뮤지엄 공간이 해체된, 복제품 용기容器 역할을 하는 뮤지엄의 비물성화와 붕괴가 논의됐다.

		특성	사례
변이	· 예술가가 만든 미술관 대안 공간 · 체제를 거부하는 뮤지엄	· 기존 미술관에 대한 예술가들의 불신 / 미술관의 벽 불신. → 고전적 전시법이나 살롱전 같은 제도권 미술관 권력에의 도전. → 20세기에 들어 공간 자체와 공간에 대한 방문객의 인식을 바꾸는 능력이 예술가들의 관심을 끔. · 작가 자신의 작품을 위한 미술관.	· 오베트 카페(Café de l'Aubette, van Dous-burg)나 몬드리안(P. Mondrian)의 실험 · 엘 리시츠키(El Lissitzky)의 프룬 · 〈가방 속 상자〉 · 템퍼러리 컨템퍼러리 · 치네티 재단 · 프랭크 스텔라(Frank Stella)의 네 계획안(Old Master Pavilion, Groninger Museum / Desert Museum…)
비존재	가상 뮤지엄	· 방문객 폭증과 장시간 전시로 인한 진품의 훼손을 우려함. · 덜 알려진 진품보다 유명한 작품의 복제품을 선호하는 경향이 있음. · 전문가도 구별하기 힘들 만큼 진품과 거의 유사한 복제가 가능함. · 복제품이 더 바람직한 경우도 있음. · 복제품이 진품과 유사한 지위를 향유할 수 있음. · 위대한 작품은 맥락(context)을 초월한다는 신념. (앙드레 말로) · 발전된 프레젠테이션 기술이 뮤지엄 구조물에 대한 의문을 던짐. · 작품의 최종 완성은 감상자에 의해 실현됨. · 원작의 유일 가치성을 넘어서 디지털 권리에 의한 잠재적 이익 창출이 가능함.

표 13. 현대 뮤지엄의 대안적 공간과 가상 뮤지엄.

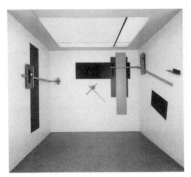

프룬(Proun) 공간. 프룬은 "신예술학교를 위하여(Pro-Unovis)"에서 유래한 용어로, 회화와 건축 사이의 어딘가에 자리잡고 있는 미개척된 창조분야를 나타낸다.

실제로는 앞서 거론된 것처럼 오래된 공장, 기차역, 황무지, 창고, 병원, 감옥 같은 곳에 과잉 디자인되고 마감됐던 사치스런 뮤지엄과 반대되는 뮤지엄들이 들어섰다. 팔레 드 도쿄Palais de Tokyo를 현대창작센터Centre of Contemporary Creation, A. Lacaton & J. P. Vassel, Paris, 1999-2001로 리모델링한 것이나 1984년 로스앤젤레스 올림픽 시작 전에 완공할 수 없었던 로스앤젤레스 현대미술관을 대신해 급히 창고를 전시공간으로 개조한 템퍼러리 컨템퍼러리는 최소한의 내부 조정만을 가한 사례다.[140] 지금 이 모이는 대로 덧붙여 나가려는, 따라서 외피는 개념상 임시로 씌워져 있는 것이므로 무표정한 외관이 전제된 르 코르뷔지에의 무한성장박물관 개념이나 과잉 디자인을 배격한 미스 반 데어 로에의 뮤지엄들도 어떤 면에서는 이미 안티뮤지엄antimuseum의 성격을 지니고 있었다.

〈표 13〉으로 정리하는 데 참고가 된 뉴하우스는, 가상 뮤지엄 출현 배경에 대해 진품에 버금가는 복제품 활용이나 첨단화된 디지털 기술로 인한 기존 가치체계와 생활방식의 변혁 물결이 장차 구조물로서의 뮤지엄에게 가져다줄 두 가지 위험 요

파리 현대창작센터의 전시공간.

교토 명화의 정원.(위)
시애틀의 올림픽 조각공원에 전시된 리처드 세라의
작품.(아래)

소를 보여 준다. 전문가조차 구별이 어려운 복제품은 자체 가치만 진품보다 떨어질 뿐 마음먹기에 따라 진품을 보는 듯한 즐거움을 누릴 수 있게 한다. 가상 뮤지엄이 현장의 생생함을 그대로 재현하지는 못하지만 수고와 시간, 비용의 지출을 줄이면서 보고 싶은 작품을 소장 장소와 무관하게 쉽고 빠르게 찾아 볼 수 있는 편리함은 무시할 수 없는 장점이다.

안도의 오사카 명화의 정원Garden of Fine Art, Osaka, 1988-1990이나 교토 명화의 정원Kyoto, 1990-1994 같은 야외 뮤지엄은 첨단 세라믹 기술로 레오나르도 다 빈치L. Da Vinci의 〈최후의 만찬〉 같은 그림을 재현해 냈다. 원본과의 차이에도 불구하고 새로운 환경에서의 관람은 실내 전시공간과는 다른 즐거움을 선사한다. 그림을 보는 것 못지않게 물위에 놓인 경사로와 다리를 거닐며 접하는 다양한 투시도적 조망이 시선을 끈다. 이 사례는 심지어 전시물이 진품이 아닌 경우에도 진지한 건축적 처리가 방문객에게 호감을 줄 수 있음을 보여 준다.

시애틀 바닷가에 마련된 올림픽 조각공원Olympic Sculpture Park, Weiss/Manfredi Architects, Seattle, 2002-2007에 전시된 미니멀리즘 조각가 리처드 세라Richard Serra의 작품은 해안가 철길과 제방의 존재를 활용한 조경술landscape architecture 안에 무난히 자리하고 있다. 구겐하임 빌바오 미술관의 대전시공간에 전시된 동일한 작가의 작품과 비교해 봤을 때 이 노천의 전시환경이 전혀 열등하게 느껴지지 않는다. 치네티 재단이나 마그 재단 미술관, 크뢸러뮐러 국립미술관에서처럼 뛰어난 조각가의 진품들이 별도의 구조물에 기대지 않고도 주변 외부환경 속에서 잘 전시될 수 있음을 숱한 조각공원에서 확인할 수 있다.

전시품을 보호하고 현장에서 보여 주는 뮤지엄 건축의 존재 이유는 점차 약해지고 있다. 현대 뮤지엄의 위상을 고수하려면 직접 방문하지 않고는 누릴 수 없는, 건축이 줄 수 있는 문화적 감동을 덤으로 베풀 수 있는 수준 높은 작품이어야 한다. 그렇지 못한 뮤지엄의 미래는 밝지 않다.

책끝에

건축의 본질에서 바라본 뮤지엄

정유공장 같은 모습으로 1970년대에 홀연히 등장한 퐁피두센터는 뮤지엄 건축에
대한 오랜 고정관념을 깼다. 다른 용도도 아닌 예술품을 위한 전당에서 일어난,
심히 불손한 도발이었다. 1990년대에 나타난 구겐하임 빌바오 미술관은 기존의
미술관과는 뚜렷이 다른 차별성으로 즉각 그 지역의 명소가 됐다. 비록 뮤지엄은
아니지만 동일한 건축가에 의해 유사한 방법론으로 계획되고 1992년에 먼저 착공
됐던 월트디즈니 콘서트홀Walt Disney Concert Hall, F. O. Gehry, LA이 경기침체와 로스앤젤
레스 폭동, 지진 등으로 인해 공사가 중지되었는데, 구겐하임 빌바오 미술관의 물
결치는 형상을 띤 첫 대규모 건물이 완공되자 사람들은 놀랐다.[141] 2004년에 개관
한 원형圓形의 가나자와 21세기 현대미술관21st Century Museum of Contemporary Art, K. Sejima · R.
Nishizawa, Kanazawa은 위계를 중시한 근대적 사고를 넘어 교훈적인 줄거리의 폐기라
는 근대 이후의 사고에 적합하게 어떤 방향을 선택해 전시를 관람해도 좋도록 독
특하면서도 위계적이지 않은 전시를 통해 무작위의 느린 걷기를 가능하게 했다. 또
다른 곳에서는 미니멀 건축의 개념이 총집합된 극도로 단순한 뮤지엄들이 모습을
드러냈다. 이렇게 현대 뮤지엄 건축의 현주소는 종잡기 어렵다.

일정한 틀에 속박되기를 거부하는 이런 다양성은
뮤지엄만의 특성에 의해 더욱 확대된다. 내용물을
보여 주기 위한 집이면서도 스스로가 가장 예술적
일 수 있는 뮤지엄 건축이 택할 수 있는 길은 어느
선에서 절제가 이루어지느냐에 따라 달라진다. 중
도를 택하는 것은 무개성으로 취급될 소지가 많아,
건축가들은 흔히 양극단을 향해 경쟁적으로 내달린

월트디즈니 콘서트홀.

정면도 중앙 출입구도 없는 가나자와 21세기 현대미술관의 둥근 외관.

다. 자신이 지닌 건축적 능력의 한계가 어딘지를 두드려 보고 싶은 유혹도 작용한
다.

　뮤지엄만큼 불특정 다수에게 속내를 깊이 드러내 보이는 건축 유형은 없다. 그
만큼 그 속에 투여되는 공간 시나리오는 다층적이거나 뚜렷하다. 한없이 단순한
경우에도 마음에 울림을 준다. 그곳이 떠들썩한 이벤트 장소 같은 곳이든 고요함
에 단지 형태만 부여한 곳이든, 주변과 내용이 조화될 수 있다면 수용될 수 있는
폭이 넓다. 건축적 표현이 가장 자유로우면서도 건축가의 엄격한 자기 검열이 전
제된 뮤지엄 건축은, 고려할 수많은 조건들과 건축적 가치들을 조정하고 선택하
는 과정으로서 통과해야 할 여과지濾過紙가 두텁고 촘촘할수록 정제된 결과물의 순
도는 높아진다. 여기서 일순간 긴장의 끈이 느슨해져 적당한 타협의 유혹에 빠지
면, 다수의 뮤지엄이 그러하듯이 그 치열한 통과로를 벗어나지 못하게 된다.

　급한 변화의 물결에 몸을 실은 뮤지엄 건축의 내일은 유동적이다. 대안적 공간
이나 가상공간의 비중은 커져 가고, 자본의 논리가 점점 깊이 들어온다. 예술과
소비가 한층 가까워져 뮤지엄의 개념까지 건드린다. 과거에 누렸던 뮤지엄의 압
도적 존재성도 점차 약화된다. 진품의 아우라도 지금과 같지는 않을 것이다. 복제
품의 위상은 상대적으로 높아질 것이다. 고급과 저급, 예술의 소유와 공공화, 전
시품과 예술의 영역을 열망하게 하는 활동들 사이의 경계도 흐려질 것이다. 뮤지

엄이 언제까지나 걸작들을 백화점식으로 모아 놓은 보물창고일 수는 없을 것이다.

그럼에도 뮤지엄의 사회적 역할은 쉽게 수그러들지 않을 것이다. 오늘날 뮤지엄은 일개 건물로서의 존재감을 넘어 도시적 장소로서 기능한다.[142] 규모가 크면 큰 대로, 작으면 작은 대로, 뮤지엄은 그 지역의 문화적 수준을 보여 주는 자부심이다. 관광산업의 핵심 기지이기도 하고, 때로는 정치적 노림수이기도 하다. 과거의 소극적이고 좁은 존재의미 안에 가두기에는 현대 뮤지엄의 역할은 작지 않다. 가까운 곳에 부담 없이 찾아갈 수 있고 멀더라도 마음먹고 방문할 곳이 있다는 건 위안과 기대가 된다. 뮤지엄은 작은 부담으로 큰 가치를 경험할 수 있는 곳이다. 휴식과 교양을 얻을 수 있는 공공장소로서 뮤지엄의 중요성은 오늘날 그 존재가치가 더 커질 수밖에 없다.

지금까지 뮤지엄 건축에서의 몇몇 논의거리를 중심으로 복잡다단한 사정을 지닌 현대 뮤지엄을 어떻게 이해할 것인가를 고민했다. 여러 관점에서 접근할 수 있겠지만 가능한 한 건축의 기본으로 돌아가는 방법을 택했다. 좋은 뮤지엄이 되려면 무엇보다 먼저 좋은 건축이 돼야 한다는 것은 자명한 사실이다. 좋은 건축이 되기 위해서는 건축주와 건축가를 포함해 함께 일하는 구성원 모두가 바른 의식을 가져야 하는데, 이는 물론 쉽지 않다. 이런 현실에서 전시품을 위해 존재하면서도 하나의 건축물로서 자신도 잃지 않아야 하는 뮤지엄 건축의 숙명을 감당해 나가는 여러 양상은 매우 흥미롭다.

이 책은 몇 줄의 글로 요약되기 힘든 현대 뮤지엄 건축의 다면성을 있는 그대로 바라보면서 뮤지엄 형태와 관련된 상징성, 방문객을 환대하고 기능을 분배하는 입구홀, 전시공간에 생기를 들이는 자연광, 방문객의 동선을 포함해 뮤지엄의 전통 및 오늘과 내일을 추적했다. 오브제와 배경의 조화는 뮤지엄 건축의 궁극적 목표이다. 궁극이라 했으니 지향점이 하나밖에 없어야 할 것 같지만, 지금까지 확인한 바와 같이 그곳에 이르는 길은 여러 갈래다. 이 책을 통해 그 길을 함께 걸어오신 독자들의 현대 뮤지엄 건축에 대한 이해가 조금이나마 넓어졌다면 기쁜 일이다. 이후로는 전시품 관람만이 아니라 전시물과 건축으로서의 뮤지엄 공간과의 관계에도 관심을 가지고 그것을 만끽한다면 뮤지엄으로 향하는 발걸음은 더 기대에 부풀 것이다.

뮤지엄 건축을 눈여겨보기 시작하면서 그동안 많은 분들의 도움을 받았다. 먼저 건축에 눈을 뜨게 해 준 앙리 시리아니 선생님께 감사를 드려야 한다. 그분이 아니었다면 아무리 많은 자료를 앞에 두고도 까막눈 신세를 면치 못했을 것이다. 내가 뮤지엄 건축에 발을 들여놓기 시작한 것은 예술사학 박사과정 지도교수였던 제라르 모니에Gérard Monnier, 1935- 교수께서 시리아니의 두 뮤지엄 작품에 지대한 관심을 표현하면서 시리아니에게 건축을 배운 나에게 뮤지엄 건축을 연구할 것을 권유한 것이 계기가 되었다. 그분은 건축을 공부한 내가 순수 예술사가와는 다른 관점으로 뮤지엄 건축을 고찰할 수 있을 것이라고 기대했다. 내 연구를 돕기 위해 여러 곳에 편지를 보내 주시기도 해서 덕분에 여러 유럽 뮤지엄 큐레이터들의 도움을 받았다. 이 외에도 여러 분들이 몸으로 글을 메워 가는 부실한 연구자를 친절하게 도와주셨다. 모두 감사드린다.

또 연구 과정에서 대학원생들이 여러 방면으로 도움을 줬다. 카레 다르의 건축적 특성을 함께 들여다본 안홍범 군, 뮤지엄 건축의 상징성을 고찰해 본 이용훈 군, 입구홀의 유형 및 공간적 특성을 정리한 채호병 군처럼 이 책에서 다뤄진 주제를 함께 숙고했던 학생들도 있다. 시리아니의 두 뮤지엄을 스리디3D로 다시 그린 유환주 군의 도움도 컸다. 이름을 다 거론할 수는 없지만, 건축을 함께 교감하는 제자들이 곁에 있다는 사실이 늘 든든하다.

나의 현대 뮤지엄 건축 연구는 두 방향으로 진행됐다. 하나는 현대 뮤지엄의 건축적 특성에 대한 얘깃거리를 건축가의 관점으로 건져 올려 하나씩 정리해 보는 것이다. 다른 하나는 수준 있는 뮤지엄을 다수 설계한 현대 건축가들의 건축철학이 뮤지엄 건축에 어떻게 적용됐는지, 그 결과물이 현대 뮤지엄 건축에 갖는 의미가 뭔지를 한 사람씩 살펴보는 것이다. 그 중 첫번째 연구방향이 이 책의 뼈대를 이룬다. 오랜 기간 산발적으로 풀어 놨던 글들을 묶을 생각은 있었지만 차일피일 미뤘는데 마침 연구년을 맞은 것이 기회가 됐다.

집필이 늦어진 가장 큰 이유는 사진 자료의 부족이었다. 내가 뮤지엄을 자주 다니던 시절은 슬라이드 필름을 주로 사용하던 때라 필름 사이즈가 작기도 하고 전 세계에 흩어져 있는 뮤지엄을 다 가 볼 수도 없는 형편이어서, 깨끗한 이미지 확보가 어려웠다. 다행히 고마운 친구들과 선후배, 제자들이 소장하고 있던 사진들을 기꺼이 빌려 주었다. 또한 최근에야 가능해진 일이지만, 전 세계의 뮤지엄 애호가들이 찍은 깨끗한 사진들을 웹에서도 찾아볼 수 있었고, 그 중 관대하게도 자유롭게 사용할 수 있게 허락된 사진들을 얻어 이 책에 실었다. 국제적으로 도움을 받은 셈인데, 일면식도 없는 분들이지만 이 자리를 빌려 감사를 드린다.

어디서 책을 낼지도 고민이었는데, 어려운 시기임에도 예술 관련 양서를 다수 출판한 열화당에서 맡아 주셔서 감사하다. 열화당과는 르 코르뷔지에 관련 도서의 번역을 의뢰받아 작업했던 인연이 이 책의 탄생으로까지 연결됐다. 충분치 않은 시간에 원고를 정성껏 다듬고 이백여 장에 달하는 도판까지 정리해 주신 이수정 선생님을 비롯한 열화당 가족들의 노고가 컸다. 잘 다니던 직장을 내던지고 미래가 불확실한 공부의 길로 들어선 남편을 곁에서 묵묵히 지켜봐 준 아내와 그 사이 태어나 대견하게 자라 준 사랑하는 두 딸에게 이 책을 바친다.

2014년 11월
이관석

주註

1. 인문주의자들이 먼저 나서고 발굴 회사들도 다수 생겨나 고대 로마의 유적들을 탐사하기 시작해, 제식용 물품이나 고대 로마가 남긴 흔적들을 훑으면서 보존의 필요성이 제기됐다. 1462년 교황 피에 2세(Pie II)는 새 구조물을 짓기 위해 고대 기념물에서 석재를 취해 재사용하는 것을 금지했다.

2. 뮤지엄(museum)은 아테네의 헬리콘(Helicon) 언덕에 세워져 시인과 학자들에게 영감을 주는 뮤즈(Muses: 서사시, 역사, 서정시, 송가, 연애시, 희극, 비극, 천문학, 무용)에 헌정된 사원인 'mouseion'에서 유래됐다. 회화나 조각 같은 조형예술은 오랫동안 신적 영감이 필요 없는 수공업적 솜씨로만 여겨졌다.

3. 몬타네르는 당시 아방가르드에게 뮤지엄 공포증이 있었다고 봤다. Josep Maria Montaner, *Museums for the 21st Century*, Barcelona: Gustave Gili, 2003, p.9.

4. 이 책에서는 뮤지엄 건축의 역사를 전반적인 건축 역사의 시대구분과 다르게 보고 있다. 뒤랑의 미술관 계획안에 의거해 지어진 일련의 뮤지엄들처럼 전체 건축 역사 속에서는 초기 근대에 해당하지만 다른 건축 유형을 차용하고 내외부에서 장식적인 뮤지엄을 '고전적 뮤지엄'으로, 20세기 초중반 근대건축 정신의 영향을 받아 건립된 뮤지엄을 '근대적 뮤지엄'으로 본다. '현대 뮤지엄'은 1970년대와 1980년대에 나타난, 제삼세대 뮤지엄의 특성을 보이는 뮤지엄들이다.

5. 뮤지엄은 연구와 교육, 향락을 위해 문화적 가치가 있는 예술적 역사적 과학적 기술적 수집품을 보존하거나 여러 방법으로 보여 주는 비영리 상설기관들을 포괄하므로, 그 기관이 어디에 중점을 두고 운영되는가에 따라 명칭이 다양하게 나타나지만 모두 뮤지엄 유형에 속한다. 폭넓은 범주를 보이는 현대 뮤지엄의 정의를 열두 가지로 정리한 G. Ellis Burcaw, *Introduction to Museum Work*, Memphis: AASLH, 1983, pp.9–13 참조.

6. 타타르키비츠는 장식이 "본질적인 것의 위엄"에 직면해 위기를 맞았지만, 그것 때문에 장식이 사라진다는 건 잘못된 생각이며, 다시 필요하게 될 거라고 확신했다. 한때의 장식 부정은 변화하는 과정 중의 한 시기일 뿐 종착점이 아니라는 것이다. 블라디슬로프 타타르키비츠, 손효주 역, 『미학의 기본개념사』, 미진사, 1990, p.200.

7. 이숭녕 감수, 『새국어사전』, 한국도서출판중앙회, 1999, p.631.

8. 김근식 · 이경회, 「현대 교회건축에 표현된 상징적 의미에 관한 연구」『대한건축학회 논문집』 제19권 2호, 2003, p.76.

9. 김대현, 「대학 정문의 기호와 상징에 관한 연구」『대한건축학회 춘계학술발표대회 논문집』, 2003, p.256.

10. 박기범 외, 「현대건축에서 수공간의 상징성 표현을 위한 형태분석에 관한 연구」『대한건축

학회 추계학술발표대회 논문집』, 2000, p.510.

11. 본래 '왕궁'이라는 뜻으로, 고대 그리스나 로마에서 시장이나 상업거래장으로 사용되다가 후에 법원이나 공공집회장으로 쓰였던 특수한 형식의 공공건물을 말한다. 원시 종교건축의 한 형식으로 초기 기독교 시대에 교회당 건물양식으로 많이 차용되기도 했다. 직사각형 평면의 내부에 2열 혹은 3열의 열주(列柱)가 있고, 신랑(身廊, nave)과 양쪽의 측랑(側廊, aisle)으로 구분된다.

12. 이 역사관은 그 이름이 말해 주듯 일찍이 인류가 겪어 보지 못했던 초유의 대량살상이 자행된 제일차세계대전의 참화를 뒤늦게나마 기록하고 증언하면서 그 장소에서 다시 자행됐던 제이차세계대전 같은 실수가 또다시 되풀이되지 않기를 바라는 염원을 지니고 있다. 초대 관장이던 애리(Hagues Hairy)가 창안한 'Historial'은 'Histoire(역사)'와 'Pictorial(생생한, Memorial이 아님)'의 합성어로, '생생한 역사'라는 의미다. Memorial이 과거에 대해 폐쇄적이고 경직된 관점을 드러낸다면, Historial은 능동적 역사를 연구하는 자유로움과 융통성을 지닌다. 이관석, 『빛을 따라 건축적 산책을 떠나다』, 시공문화사, 2004, p.91.

13. 지스카르 데스탱이 1994년 7월 21일 현상설계 참가자들에게 보낸 편지 중에서. Philip Jodidio, "Architectes sur un volcan," *Connaissance des Arts*, Paris: Société Française de Promotion Artistique, 1994, p.30에서 재인용.

14. 제일차세계대전 역사관 내 도서관에 소장된 내부평가 자료에서 발췌.

15. 예술과 정치, 경제에서 20세기 말 프랑스의 역할을 상징하는 기념물들을 세우고자 했던 기획으로 오르세 미술관(Musée d'Orsay, Gae Aulenti, Paris, 1983-1986) 리노베이션, 라 빌레트 공원(Parc de la Villette, Bernard Tschumi, Paris, 1982-2008), 라 데팡스 개선문(Grande Arche de la Défence, Johann Otto von Spreckelsen, Puteaux, 1982-1989), 루브르 박물관의 유리 피라미드(Ieoh Ming Pei, Paris, 1981-1989), 아랍문화원(Institut du Monde Arabe, Jean Nouvel, Paris, 1981-1987), 바스티유 오페라극장(Opéra Bastille, Carlos Ott, Paris, 1983-1989), 재무성 청사(Ministère de l'Économie et des Finances, P. Chemetov & B. Huidobro, Paris, 1988), 프랑스 국립도서관(Bibliothèque nationale de France, Dominuque Perrault, Paris, 1988-1995), 치바우 문화센터(Centre Culturel Tjibaou, Renzo Piano, Nouméa, 1991-1998)가 이때 건설됐다. 아홉 개의 프로젝트 중 여섯 개의 설계권이 외국인 건축가에게 넘어갔다.

16. M. Champenois, "Entrerien avec I. M. Pei," *Architectures Capitales: Paris 1979-1989*, Paris: Electa Moniteur, 1989, p.40.

17. 이관석, 「현대 박물관 전시공간에서 자연광 채광방식의 선택 범주」 『대한건축학회 논문집』 제18권 9호, 2002, p.65.

18. 이 뮤지엄에 대한 건축가의 생각은 Gerhard Mack, *The Museum as Sculpture, Art Museums Into the 21st Century*, Basel·Berlin·Boston: Birkhäuser, 1999, pp.22-35의 대담 참조.

19. 뮤지엄 건립 후 이 미술관이 가져온 사회문화적 영향을 관련 연구자들이 공동 기술한 *Learning from the Bilbao Guggenheim*이라는 책까지 발간됐다. 미국 건축가 필립 존슨(Philip Johnson, 1906-2005)은 이 미술관을 "우리 시대의 최고 걸작"이라 했고, 『뉴욕 타임스』는 "전 세계에서 가장 높은 찬사를 받는 새로운 건물"이라며 빌바오의 경제적 활력을 되찾게 했다고 논

평했다. 개관 후 십 년간 천만 명에 가까운 방문객이 다녀갔고, 십구억 유로 가량의 관광수입을 올렸다.

20. Isabelle Gournay, "Musée de l'Holocauste à Washington," *l'Architecture d'Aujourd'hui*, no.289, Paris: Groupe Expansion, 1993, p.14.

21. James Steele, *Museum Builders*, London: Academy Editions, 1994, p.177.

22. 길성호, 『수용미학과 현대건축』, 시공문화사, 2003, p.72.

23. 김원기, 「유대인 뮤지엄, 그 이후」 『SPACE』 425호, 2003, p.110. 정식 개관 전인 1999년부터 이 년간 삼십오만 명의 방문객이 전시물 없는 이 뮤지엄을 오 마르크의 입장료를 내고 찾았다.

24. 마이어는 대성당 중앙부 회랑인 네이브(nave, 身廊)와 양쪽의 아일(aisle)의 폭이 동일한 것에 착안해 대성당 광장을 그 폭을 기준으로 바둑판처럼 분할하고, 그 중 아홉 개의 정사각형(3×3개) 안에 울름 슈타트하우스를 계획했다.

25. 건물 전체 또는 일부를 지상에서 기둥으로 들어 올려 건물을 지면에서 분리시킴으로써 만들어지는 공간 또는 그 기둥 부분을 말한다.

26. 방의 한 군데가 우묵하게 들어간 곳이나 벽면의 일부가 쑥 들어가서 이뤄진 조그마한 공간으로, 알코브라고 부르기도 한다.

27. 바실리카식 교회당의 내부 중앙 부분을 말한다. 국립 로마 미술관의 이 공간 양쪽에는 열주로 구분되는 아일이 있으며, 지붕이 아일보다 높아 고측창으로 채광했다.

28. 고대 그리스 신전 건축의 삼대 기둥양식(코린트, 도리아, 이오니아) 중 하나로, 기둥머리〔柱頭〕에 아칸더스 잎이 섬세하게 조각돼 있어 세 기둥 중 가장 화려하다.

29. 이 뮤지엄의 형태 설정에 관한 연구로는 이관석, 「아를르 고고학박물관에 나타난 삼각형 형태의 의미와 그 전시공간의 구현에 관한 연구」 『대한건축학회 논문집』 제14권 5호, 1998, pp.72-74 참조. 처음에는 아를 고고학박물관(Musée archéologique d'Arles)으로 불리다 두 번의 개칭 후 현재의 아를 고대사박물관이 됐다.

30. "모든 것은 대지에서 시작된다. 대지를 드러내자! 이 말은 먼저 그곳에 정착하는 방법을 아는 것이다. 넓은 호수에 대응하여 'Historial'에서 가장 큰 파사드를 옆으로 놓아 활기를 잃지 않으면서 대지를 드러낸다. 파사드의 볼록한 곡선을 강조하면서 부드러운 물결 모양으로 물을 향해 퍼져 나간다." 앙리 시리아니의 말. Pascale Joffroy, "L'Historial de la Grande Guerre à Péronne," *le moniteur architecture AMC*, no.34, Paris: Groupe Moniteur, 1992, p.4에서 재인용.

31. Frank Gehry, *El Croquis no.117: Frank Gehry 1996-2003*, Madrid: El Croquis, 2003, p.132.

32. 'Sky Church' 'Crossroads' 'Sound Lab' 'Artist's Journey' 'Electric Library'와 'Ed. House'의 여섯 요소가 이엠피의 전시와 공공 프로그램을 구성한다. 각 요소들에 대한 설명은 위의 책 p.136 참조.

33. 이엠피는 형태 위주의 건축을 하는 게리에게도 특별한 경우이다. 게리는 매우 조형적인 뮤지엄에서도 의외로 주변 맥락을 고려하려는 노력이 보이는 건축가였다. 게리의 뮤지엄에 대한 더 자세한 내용은 이관석, 「프랭크 게리의 뮤지엄들이 현대 뮤지엄 건축에서 갖는 의미」 『대한건축학회 논문집』 제29권 11호, 2013 참조.

34. http://mimesisart.co.kr/mimesis-art-museum 참조. 예술 창작에 기본이 되는 이론적 원리를 뜻하는 미메시스는 그리스어로 '모방'('복제'라기보다는 '재현'의 뜻)이라는 뜻이다. 플라톤과 아리스토텔레스는 미메시스를 자연의 재현이라고 말했다. 플라톤에 의하면 모든 예술적 창조는 미메시스의 형태이다.

35. 유리로 된 정면의 외벽에는 불자들의 성전이자 학림(學林)임을 나타내기 위해 『금강반야바라밀경(金剛般若波羅蜜經)』이 한자로 새겨져 있고, 주 입구 쪽에는 녹슨 철을 소재로 사용해 백팔번뇌를 녹여내는 수행의 중요성을 강조하는 백팔 개의 막대 기둥이 있다. 그 밖에 부처가 화엄경을 설한 보광명전(寶光明殿)에서 이름을 딴 대강당, 영은사(靈隱寺) 결사도량(結社道場)을 상징하며 탄허(呑虛) 대종사가 『화엄경(華嚴經)』을 처음 번역한 일소굴(一笑窟)에서 이름을 딴 상설전시관 일소대(一笑臺) 등 곳곳에서 종교적 상징을 드러낸다.

36. 이성관, 「설계소묘」 『탄허대종사 유묵선』, 탄허기념박물관, 2010, p.109.

37. "나의 첫번째 관심사는 '뮤지엄이란 무엇인가?'라는 유형학적 계보에서 비롯됐다. 역사에 관심을 가져야만 거기서 뭔가를 얻을 수 있었다. 다른 프로그램들과 달리 뮤지엄에서는 원형이라고 부를 만한 것을 발견할 수가 없었다. 초기에는 궁전이나 폐가를 개조하거나 루브르 궁 같은 왕들의 집을 뮤지엄으로 꾸며 사람들에게 개방했다. 뮤지엄이 대중과 가까워지게 된 출발점이다. (…) 그러면서 첫번째로 증명된 사실은, 궁전에서 비롯된 뮤지엄은 단 한 사람을 위한 장소에서 모두를 위한 장소가 됐기 때문에 기능상의 문제가 있다는 것이다. 그렇기에 입구는 논리적으로 뮤지엄의 필수적인, 완전히 새로운 요소로 나타난다. 나의 첫 관심은 그러므로 '입구를 놓치지 않는' 것이다." Michel Florence, "Construire un musée," *Architecture Intérieure —CREE*, Paris: Société d'Edition et de Presse, Déc. 1991-Jan. 1992, p.117.

38. M.-J. Dumont, "Le Ciriani sans peine, un vocabulaire illustré," *l'Architecture d'Aujourd'hui*, no.282, Paris: Groupe Expansion, Sep. 1992, p.118.

39. 이 용어들은 시리아니가 졸업작품을 앞둔 건축대학 오학년 학생들과 연면적 십만 제곱미터 이상의 대규모 공공건물을 설계하는 방법론을 강의할 때 등장한다. typique와 atypique는 발음부터 구별이 쉽지 않은, 헷갈리기 쉬운 용어다. 본문에서 예를 든 것과 같이 오페라극장의 경우 무대와 관람공간은 전형적 공간이고 복도나 사무실, 화장실, 창고 등은 비전형적 공간이라는 설명은 쉽게 이해되지만, 프로그램에 따라 예외가 있기 때문이다. 이러한 연구는 대규모 공공건물이 용도에 적합한 형태와 공간성을 성취하면서 도시맥락과의 조화를 모색하는 방안을 찾은 데서 비롯됐다. 이때 비전형적 공간은 대지의 가장자리에서 건물과 도시맥락과의 관계 설정에 유의하며 프로그램의 전형적 부분을 자유롭게 부유케 하는 스크린 역할을 한다.

40. 수메르 문명 이후 바빌로니아와 아시리아의 중요 도시에 세워진 성탑이다. 7층으로 각 층(단)마다 색이 있는 벽돌을 사용했다. 네 모서리는 동서남북을 향하고 각 층과 정상에는 광장이 있다.

41. (지붕이 둥근) 원형의 건물 또는 둥근 천장의 홀을 말한다.

42. 미스는 사무실 건축에서의 공간적 융통성이 뮤지엄에 적용돼야 함을 역설했다. "모든 구조적인 장애물인 벽이나 기둥, 배관 등 모든 것에서 자유로운 공간의 큰 일체성"을 가진 전시공간을 말한 것이다. C. Stein, "Making Museums Function," *Architectural Forum*, vol.LVI,

no.6, Boston: Rogers and Manson, June 1932, p.615.

43. Mario Botta, "Monument to Art," *Architectural Record*, New York: McGraw-Hill Construction Media, 1994. 11, p.77.

44. Philip Jodidio, "High Museum of Art," *Richard Meier*, Köln: Taschen, 1995, p.80.

45. 안도는 뮤지엄에 접근할 때 방문객을 점점 위로 오르게 하고, 불투명성을 앞에 배치해 마치 앞을 가로막는 듯하면서 우회접근로로 동선을 늘리고, 좁은 입구홀을 지나면 곧바로 하강시키는 독특한 구성법을 취했다. 안도가 1987년부터 1996년까지 설계한 뮤지엄들에 대한 연구인 이관석, 「안도 다다오의 박물관에 나타나는 건축적 특성과 그 의미」 『대한건축학회 논문집』 제21권 11호, 2005, pp.53-62 참조.

46. 시리아니는 건축적 물성을 드러낼 수 있고 사물을 고정하는 빛의 능력을 인정하면서, 자연광을 '감동으로서의 빛(la lumière-émotion)' '조명으로서의 빛(la lumière-éclairage)' '눈부신 빛(la lumière radieuse)' '그림 같은 빛(la lumière picturale)' 으로 분류했다. Henri Ciriani, "Tableau des clartés," *l'Architecture d'Aujourd'hui*, Paris: Groupe Expansion, 1991, pp.77-83.

47. 피나코테크는 그리스어에서 파생된 말로, 회화수집관이란 뜻이다.

48. Vitruvius Pollio, *Les dix livres de l'architecture*, Paris: Éditions Balland, 1979, p.198.

49. Lec Benoist, *Musées et Muséologie*, Paris: P.U.F., 1971, p.59.

50. Lec Benoist, 위의 책, p.60.

51. Louis Hautecoeur, *Architecture et aménagement des musées*, Paris: Textes RMN, 1934, p.66 참조. 루브르 박물관에서의 천창 채광 적용 역사에 대해서는 Helmut Seling, "The Genesis of Museum," *The Architectural Review*, no.840, London: The Architectural Review, Fev. 1967, p.109 참조.

52. 채광이나 환기를 위해 뚫린 개구부가 없이 장식으로 만들어진 창이다.

53. 이 격자틀의 존재 의미에 대해서는 David Jenkins, *Clore Gallery, Tate Gallery, Liverpool*, London: Phaidon Press, 1992, p.23 참조.

54. Richard Meier, *Richard Meier Architect 1964-1984*, New York: Rizzoli, 1984, p.149.

55. 짧은 기간에 많은 전시물을 보여 줄 넓고 밝은 공간을 만들기 위해 당시에 이미 보편화된 온실건축의 기법이 도입됐다. 폭 21.6미터, 높이 16.2미터, 길이 554미터의 철골조 유리 건물이 공장 생산과 현장 조립을 통해 십칠 주 만에 지어졌다.

56. 이 뮤지엄에서의 자연광과 동선과의 관계에 대해서는 이관석의 「앙리 시리아니의 박물관 건축에 있어서 공간적 특성에 관한 연구」 『대한건축학회 논문집』 제12권 7호, 1996, pp.39-49과 『빛을 따라 건축적 산책을 떠나다』, 시공문화사, 2004 참조.

57. 아를 고대사박물관의 빛과 동선의 관계에 대해서는 이관석의 「아를르 고고학박물관에 나타난 삼각형 형태의 의미와 그 전시공간의 구현에 관한 연구」 『대한건축학회 논문집』 제14권 5호, 1998, pp.74-81과 『빛을 따라 건축적 산책을 떠나다』, 시공문화사, 2004 참조.

58. 이 미술관에 대해서는, J.-F. Pousse, "Le Lien Minéral," *Techniques & Architecture*, no.408, Paris: Éditions Regirex-France, Juin-Juillet 1993, pp.50-53 참조.

59. 이곳의 수광 시스템에 대한 상세 설명은 Bruno. J. Hubert, *Louis I. Kahn: Le Yale Center for British Art*, Marseille: Parenthèses, 1992, pp.69-71 참조.

60. 당시 이소자키의 건축적 특성을 지칭한 절충주의의 급진적 방식으로, 추상적 입체와 실린더, 다른 근대주의적 형태와 대조되어, 과거 건축에서의 직접적 인용은 구체적이고 구상적으로 나타난다. 이를 통해 포스트모더니즘의 다양한 경향 중에서 관찰할 수 있는 일종의 모작이나 풍자적 개작에 다가선다. 이소자키는 동서양의 역사적 건축양식의 단편들과 추상적 근대건축의 형태를 병치시켰다. Arata Isozaki, "A Chain of Subtle Changes," *The Japan Architect*, vol.62, 東京: 株式會社新建築社, 1987, pp.22-23.

61. 이소자키는 첫번째로 빛 환경, 두번째로 전시실의 비례, 세번째로 갤러리 내부에서의 동선을 언급한다. Arata Isozaki, "Entretiens avec Geneviève," *Techniques & Architecture*, no.368, Paris: Éditions Regirex-France, 1986, p.94.

62. J. M. Montaner, *Nouveaux Musées*, Barcelona: Gustave Gili, 1990, p.111.

63. 현대 뮤지엄 건축에 나타나는 이론적 고전성과 경험적 고전성에 대해서는 이관석, 「현대박물관 건축에서 고전적 전시공간이 재현된 배경과 그 특성」『대한건축학회 논문집』제17권 11호, 2001, pp.107-116 참조.

64. 무한성장박물관 개념에 따라 아메다바드 시립미술관(Museum of the City, Ahmedabad, 1951-1958)과 찬디가르 주립미술관(Chandigarh Government Museum, Chandigarh, 1952-1968)과 도쿄 국립서양미술관이 건립됐다.

65. 복잡하면서도 분화돼 있는 구조, 내적인 조직화의 원리, 부분들 사이의 밀접한 연관성이나 상호의존의 연결들을 의미하는 유기적 건축은, 기능적 표현을 따르면서 대지의 지형과 기후, 인간의 감정을 포함한 문화적 맥락 같은 주변환경과의 통합을 중시한다.

66. 르 코르뷔지에가 1927년에 내세운 '새로운 건축의 다섯 가지 원칙(5 points de l'architecture nouvelle)' 중 하나로, 기둥이 건물의 하중을 지지함으로써 필요에 따른 공간 분할을 이동가능한 칸막이로 쉽게 해 융통성 있는 근대적 공간성을 획득할 수 있게 됐다.

67. 조합이 가능한 표준 요소들인, 공장에서 생산된 철근콘크리트 기둥, 슬래브, 계단을 조립하는 골조체계로, 평면상의 기능과는 완전히 독립된 것이다. 4미터 간격의 표준기둥 여섯 개(세 개씩 두 열)가 6×10미터 넓이의 슬래브를 받치는데, 장변(長邊)의 끝부분에는 폭 2미터의 계단이 있다.

68. 근대적 공간은 여러 아방가르드들에 의해 모색됐다. 네덜란드 가구 디자이너이자 건축가인 리트벨트(Gerrit Rietveld, 1888-1964)는 슈뢰더 주택(Schröder House, Utrecht, 1924)에서 천장에 매달린 미닫이 칸막이를 모두 열면 하나의 공간이 되고 닫는 방식에 따라 몇 개의 공간으로 분할되는 공간 구성법을 선보였다. 미스 반 데어 로에 같은 경우는 앞서 거론된 '보편적 공간' 개념에 의거해 내부에 아무것도 없는, 필요에 따라 어떻게든 분할해 쓸 수 있는 극단적인 가변성과 융통성을 지닌 공간을 제시했다.

69. 프랑스의 예술비평가이자 사학자인 미셸 라공(Michel Ragon)은, 입체주의자들의 열린 공간이 열린 건축에 끼친 결정적 역할에 대해 언급하면서, 중력과 힘을 강요하는 두꺼운 벽에서 해방되어 마침내 공간과 빛이 지배하는 근대건축을 설명한다. Michel Ragon, *Histoire de l'architecture et de l'urbanisme modernes tome 2*, Bruxelles: Casterman, 1986, p.74.

70. 샤슬랭과 뒤몽의 인터뷰. Henri Ciriani, "Faire la lumière, une conversation avec l'architecte, *l'Architecture d'Aujourd'hui*, no.282, Paris: Groupe Expansion, Sep. 1992, p.75.

71. 로랑 보두앵, 문희 · 이관석 공역, 『느림의 건축을 위하여』, 문운당, 2010.

72. 건축가는 제일차세계대전의 참호 전투를 상징하는 단층(faille)을 표현하라는 설계지침서의 요구에 따라 한쪽 벽이 전면 유리로 열린 제1 · 2전시실 너머에 중세 성벽과 다른 전시실 벽면을 가까이 두어 그 틈새로 빛을 유입시켰다. 또 원경으로의 조망을 막는, 열렸으면서도 닫힌 공간 구성법 등 제일차세계대전 역사관 프로그램의 어려운 요구를 자신의 건축철학으로 풀어내 그 건물의 가장 커다란 특징이 되도록 했다. 이관석, 『빛을 따라 건축적 산책을 떠나다』, 시공문화사, 2004, pp.126-131 참조.

73. 성과 뒤편 호수 사이의 땅이 설계대지로 주어지자, 허물어진 성벽 위에 파일을 박아 뮤지엄을 얹는 등 자신을 드러내려는 의도가 다분한 계획안들이 대부분이었다.

74. 아르놀트 하우저, 한석종 역, 『예술과 사회』, 홍성사, 1981, p.128.

75. Kenneth Frampton, "Works in Transition," *Richard Meier, Architect, vol.2: 1985-1991*, New York: Rizzoli, 1991, p.10.

76. 시기적으로도 그렇고, 이 미술관은 슈투트가르트 시립미술관 신관과 함께 뮤지엄 건축에서 포스트모더니즘의 시작을 알린 것으로 인정받는다. Heinrich Klotz & Waltraud Krase, *New Museums in the Federal Republic of Germany*, London: Academy Editions, 1986, p.16.

77. Johannes Cladders, *Galerie Ulysses Exposition Catalogue*, Wien: Galerie Ulysses, 1979 참조.

78. 홀라인은 바로크의 가장 중요한 특성인 이원성이 자신의 작업에서 가장 두드러진 면이라는 야스미추 마쓰나가(Yasumitsu Matsunaga)의 지적을 받아들였다. 바로크 건축은 우주에 대한 정적이고 플라톤적인 관점 대신, 두 개의 초점을 허락하는 행성들의 타원형 궤도를 발견한 천문학적 업적에 기대어 전례 없던 타원형의 평면을 도입했다. 홀라인은 일본 건축에서 보이는 엄격한 기하학과 자연의 상호관계를 이원성의 예로 들었는데, 이는 자신의 건축에 나타나는 특징이기도 하다. Hans Hollein, "Tradition and Context," *The Japan Architect*, vol.59, no.10, 東京: 株式會社新建築社, Oct. 1984, pp.11-12. 오스트리아 빈 시민의 생활방식에서 보이는 이원성이 바로 자신의 건축이 가진 진정한 특징이라는 것에도 동의했는데, 홀라인과 빈 문화의 관계에 대해서는 F. Achleitner, "des Viennois Positions," *Lotus*, no.29, Milano: Electa, 1981, pp.5-27 참조.

79. 두 낙선안에 대해서는 Colin Rowe (intro.), *James Stirling: Constructions & Projets*, Paris: Philippe Sers, 1984, pp.197-215 참조.

80. 이 세 계획안에 나타난 유사성과 그 의미에 대해서는 이관석, 「제임스 스털링(James Stirling)의 초기 미술관 계획안에 나타나는 도시 맥락성」 『대한건축학회 논문집』 제17권 5호, 2001, pp.73-80 참조.

81. Alain Pélissier, "James Stirling, sa conception du musée," *Techniques & Architecture*, no.368, Paris: Éditions Regirex-France, nov. 1986, p.128. 이러한 태도의 결과인 세 뮤지엄 계획안을 하인리히 클로츠는 '도시적 조경'이라고 규정지었다. Heinrich Klotz, *Moderne und Postmoderne*, Braunschweig: Viewegs, 1984 참조.

82. James Stirling, "Staatsgalerie Opening Speech," *AD Profile*, London: Academy Editions, 1982, p.56.

83. 이 미술관의 역사적 참조에 관해서는 Frank Werner, "The New Acropole of Stuttgart," *Lotus*,

no.43, Milano: Electa, 1984 참조.

84. Alain Pélissier, "James Stirling, sa conception du musée," *Techniques & Architecture*, no.368, Paris: Éditions Regirex-France, nov. 1986, p.127.

85. J. M. Montaner & J. Oliveras, *The Museum of the Last Generation*, Barcelona: Gustavo Gili, 1986, p.27.

86. 블라디슬로프 타타르키비츠, 손효주 역, 『미학의 기본개념사』, 미진사, 1990, pp.211-219.

87. 위의 책, p.212. 빙켈만이 아테네 시대의 예술과 문학이 지닌 조화, 부분들의 균형, 평정, 단순성 등의 특징을 표현한 말이다.

88. John Summerson, *The Classical Language of Architecture*, London: Thames & Hudson, 1980, pp.7-9.

89. Michael D. Levin, *The Modern Museum*, Jerusalem·Tel Aviv: Dvir Publishing House, 1983, p.33.

90. 1851년 런던에서 세계 최초로 열린 만국박람회의 전시물들을 수용하기 위해 1852년에 설립됐고 1859년에 현 건물에 입주한 후 계속 증축됐다.

91. Gerhard Mack, *The Museum as Sculpture, Art Museums Into the 21st Century*, Basel·Berlin·Boston: Birkhäuser, 1999, p.24.

92. G. Ellis Burcaw, *Introduction to Museum Work*, Memphis: AASLH, 1983, p.159에서 재인용.

93. J. Laborde, *Le Patrimoine historique: charge ou atout?*, Semaine Provence, du 3 au 9 mars, 1995 에서 인용.

94. Congrès Internationaux d'Architecture Moderne. 기능적 건축 및 도시계획을 촉진시키고자 1928년 스위스 라 사라(La Sarraz)에서 르 코르뷔지에의 주도로 첫 모임을 가진 후 1956년 10차 회의까지 진행됐다.

95. 1950년대 들어 양식화되고 조형주의화된 근대건축에 저항하여 기능주의로의 복귀를 주장하고, 가공되지 않은, 거친 조형을 내세운 건축 경향이다.

96. 케네스 프램턴, 정영철·윤재희 공역, 『현대건축사』, 세진사, 1980, pp.533-553.

97. 찰스 젠크스, 송종석 감수, 『현대 포스트모던 건축의 언어』, 태림문화사, 1977, pp.12-13.

98. Alain Pélissier, "James Stirling, sa conception du musée," *Techniques & Architecture*, no.368, Paris: Éditions Regirex-France, nov. 1986, pp.127-129.

99. 전시공간에 적용되었던 '보편적인 공간' 개념이 변화되어 가는 과정에 대해서는 이관석, 「'단위전시공간' 개념으로 고찰한 전시공간의 변천」『대한건축학회 논문집』제16권 3호, 2000, pp.45-48 참조.

100. Stanislaus von Moos, Venturi, Rauch & Scott Brown, *Buildings and Projects*, New York: Rizzoli, 1987, p.180.

101. Robert Venturi, "Architecture as elemental shelter, the city as valid decon," *Architectural Design*, London: Academy Editions, 1991, p.13.

102. Stanislaus von Moos, Venturi, Rauch & Scott Brown, 앞의 책, p.190.

103. Geoffrey Baker, "The Sainsbury Wing at the National Gallery by Venturi, Scott and Associations," *Architectural Design*, London: Academy Editions, 1991, pp.16-19.

104. James Steele, *Museum Builders*, London: Academy Editions, 1994, p.247.

105. James Steele, 위의 책, p.10.

106. 로마 시대의 배럴 볼트(반원통형 둥근 천장), 이집트의 피라미드와 같은 기하학적 요소들이 자신의 모습을 드러내면서도 전체 조형을 지배할 만한 힘을 갖지 않아 '분열적'으로 결합돼 있다.

107. 그리스와 로마의 고전건축에서 열주에 의해 받쳐진 수평 대들보인 엔타블레이처(entablature)의 맨 아랫부분으로, 위에서부터 코니스(cornice), 프리즈(frieze), 아키트레이브(architrave) 세 부분으로 이뤄져 있다.

108. 서양 고전건축 혹은 고전주의 건축에서 박공지붕의 끝부분을 이루는, 물매가 완만한 삼각형 부분을 말한다.

109. 기둥이 병렬해 있는 복도이다.

110. D. Sudjic, *The Times*, 19 avril 1983.

111. 유리로 둘러싸인 채 '보편적 공간' 개념이 적용됐다가 수정되는 일련의 미술관 변천사에 대해서는 이관석,「'단위전시공간' 개념으로 고찰한 전시공간의 변천」『대한건축학회 논문집』제16권 3호, 2000 참조.

112. 돌, 벽돌 등을 쌓아 올려 벽을 만드는 전통적인 건축구조법이다.

113. 카레 다르의 기술적 이미지 표현과 도시적 맥락 수용에 관한 연구로는 안홍범·이관석의「노먼 포스터의 '까레 다르'에 관한 연구」『대한건축학회 대전·충남지회 논문집』제6권 1호, 1999 참조.

114. "나는 개인적으로 중성적인, 가능한 한 부재(不在)한 건물을 만든다. 전시실은 자체의 건축에 의해 간섭받지 않아야 하다. 그것은 회화와 조각, 갖가지 설치작품 등을 보이기 위함이지 건축을 보이기 위함이 아니다." Marie-Christine Loriers, "La moderstie à l'oeuvre," *Techniques & Architecture*, no.409, Paris: Éditions Regirex-France, sep. 1993, p.45.

115. Norman Foster, "Inaugural Academy Architecture Lecture," *Architectural Design*, London: Academy Editions, 1991, p.30.

116. 이관석,「'단위전시공간' 개념으로 고찰한 전시공간의 변천」『대한건축학회 논문집』제16권 3호, 2000 참조.

117. Luc Benoist, *Musées et Muséologie*, Paris: P.U.F., 1971, p.32.

118. "그림들은 주목받기 위해 위를 향해, 빛을 향해 약간 기울어진 채 만곡(彎曲)하여 나선을 오르는 움직임과 일치되어 스스로 부각된다. 관습적인 방법으로 걸려 있지 않고 경미하게 굽은 육중한 벽에 의해 생성된 움직임에 우아하게 따르고 있는 것이다. 이 큼직한 순환적 상승 속에서 그림은 건축의 한 요소로서 액자에 넣어진 것으로 느껴진다. 건축으로서 건물 자체의 성격은 '액자'다. 곡벽으로 인해 돋보이는 그림의 평탄한 면은 가문(家紋)이 새겨진 반지의 각인(刻印)처럼 박힌 보석 같다. 정체된 낡은 건축의 몰상식한 방과는 다르게 그림이 전시된 적이 거의 없었다. 여기서는 건물의 내부에 창조된 조화롭고 유동성 있는 평온 가운데, 알맞은 조건에서 새로운 그림을 보게 될 것이다." Roland Schaer, *L'invention des musées*, Paris: Découvertes Gallimard/Réunion des Musées Nationaux Histoire, 1993, p.127에서 재인용.

119. 이때의 프로그램과 제출된 작품들은, Arkio Tuula (ed.), "The open Nordic/Baltic Design Competition for the Museum of Contemporary Art," *The Finnish Architectural Review*, The Finnish Association of Architects, June 1993 참조.

120. Steven Holl, "Musée à Helsinki," *l'Architecture d'Aujourd'hui*, no.291, Paris: Groupe Expansion, fév. 1994, p.111.

121. 실제로 이 미술관을 증축할 때는 르 코르뷔지에의 원작에 함부로 손댈 수 없어 뒤쪽을 확장하는 방법을 취했다.

122. 르 코르뷔지에의 설계사무실에서 근무했고 이후 오랜 기간 칸과도 협업한 도시(B. Doshi)가 르 코르뷔지에의 사망 소식을 접하고 파리를 방문해 칸을 만났을 때 들었던 탄식이다. Balkrishna Doshi, "Maître & Modèles," *CORBU VU PAR*, Liège: Pierre Mardaga éditeur, 1987, p.73.

123. 도쿄대 고야마 교수는 칸이 각 공간 자체의 중심을 갖게 했으며 공간을 정의하기에 적정한 방법으로 각 공간에 빛을 받아들이게 했음을 지적했다. H. Koyama, "Louis I. Kahn and His Times," *A+U*, 東京: 株式會社エー・ラソド・コー, Nov. 1983, p.22.

124. A. James Speyer, *Mies van der Rohe*, Chicago: Art Institute of Chicago Museum, 1968, p.58.

125. 그는 사무실 건축의 융통성이 박물관에 적용돼야 함을 역설했다. "벽이나 기둥, 배관과 같은 모든 구조적인 장애물에서, 자유로운 공간의 큰 일체성"을 가진 전시공간을 말한 것이다. C. Stein, "Making Museums Function," *Architectural Forum*, vol.LVI, no.6, Boston: Rogers and Manson, June 1932, p.615.

126. 퐁피두센터의 한 층 전체를 차지한 전시공간은 개관 이후 잦은 전시계획 변경으로 과다한 유지비용 지출, 전시계획 수립의 어려움, 회화 전시공간으로의 부적절함 등에서 비판을 받았다. 결국 보편적 공간은 포기되고, 1985년 이탈리아 건축가이자 인테리어 디자이너인 아울렌티(Gae Aulenti, 1927-2012)에게 전시공간 재설비를 의뢰해 오늘날과 같은 고착된 칸막이로 분할됐다.

127. J. M. Montaner, *Museums for the 21st Century*, Barcelona: Gustave Gili, 2003, p.10. 〈가방 속 상자〉는 〈들고 다닐 수 있는 뮤지엄(the Portable Museum)〉으로 불리기도 했다.

128. J. M. Montaner, 앞의 책.

129. 김은경, 「트렌드로 이해하는 현대 미술관 건축」 『국립현대미술관 연구논문 제1집』, 2009, pp.219-233.

130. V. Newhouse, *Towards a New Museum*, New York: The Monacelli Press, 2006.

131. 이 미술관에 대해서는 Nobuo Hozumi, "Kevin Roche," *A+U*, 東京: 株式會社エー・ラソド・コー, 1987, pp.26-31 참조.

132. Brigitte Vital-Durand, "A Giverny, la fortune de Terra n'est pas capitale," *Libération*, le 10 avril 1992, p.34 참조.

133. 독일 조각가 에르빈 헤리히(Erwin Heerich)와 일본 건축가 안도 다다오, 이탈리아 건축가이자 디자이너 클라우디오 실베스트린(Claudio Silvestrin, 1954-), 포르투갈 건축가 알바로 시자(Alvaro Siza, 1933-), 오스트리아 태생으로 미국에서 활동한 건축가 라이문트 아브라함(Raimund Abraham, 1933-2010) 등 여러 나라의 뛰어난 건축가들과 작가들이 이 미

술관의 조성에 함께했다.

134. 제왕이 조하(朝賀)를 받는 정전 또는 성당의 제단 위에 장식으로 다는 집처럼 생겼으며, 정면과 좌우에 층층대, 난간이 있고 지붕도 있다.

135. Gerhard Mack, *The Museum as Sculpture, Art Museums Into the 21st Century*, Basel·Berlin· Boston: Birkhäuser, 1999, pp.24-25.

136. 이관석,「프랭크 게리의 뮤지엄들이 현대 뮤지엄 건축에서 갖는 의미」『대한건축학회 논문집』제29권 11호, 2013 참조.

137. 1939년 굿윈(Ph. L. Goodwin)과 스톤(E. D. Stone)의 첫 작품(5,200제곱미터)에서 1951년과 1964년 존슨(Ph. Johnson)에 의해 1,660제곱미터와 5,850제곱미터가, 1984년 펠리에 의해 15,200제곱미터가 증축되고도, 2004년 다니구치에 의해 다시 확장됐다.

138. 건물 내에서 화장실, 계단, 엘리베이터, 각종 수직 배관이 지나는 샤프트 등의 공공시설이 한 곳에 집중되어 있는 부분을 말한다.

139. 베냐민은 1936년 큰 논쟁을 불러온 글「기술복제시대의 예술작품」에서 원본을 정확하게 재생하는 수단의 발견으로 예술품의 '아우라'가 점차 사라질 것이라고 격정적으로 토로했다.

140. 이 외에도 앞서 언급된 사치 미술관, 디아 재단, 치네티 재단 등 많은 사례들을 볼 수 있다.

141. 구겐하임 빌바오 미술관의 대성공은, 당초 기증액 오천만 달러가 무색할 정도로 이억칠천만 달러가 든 월트디즈니 콘서트홀이 공사가 재추진되도록 자극했는데(이 중 일억천만 달러는 지하도로망과 주차장같이 당초 예기치 않았던 인프라 구축에 쓰였다). 이 콘서트홀은 1987년에 기획된 후 십육 년 만인 2003년에 완공됐다.

142. 슈투트가르트 시립미술관 신관의 외부 보행로, 압타이베르크 미술관의 테라스화된 공원, 바르셀로나 현대미술관의 천사 광장, 구겐하임 빌바오 미술관의 강둑 산책로, 런던 테이트 모던의 도시적 성격의 큼직한 로비 등의 본보기를 앞에서 살펴보았다.

참고문헌

국내 단행본 및 잡지

길성호, 『수용미학과 현대건축』, 시공문화사, 2003.

김원기, 「유대인 뮤지엄, 그 이후」 『SPACE』 425호, 2003.

로랑 보두앵, 문희·이관석 공역, 『느림의 건축을 위하여』, 문운당, 2010.

블라디슬로프 타타르키비츠, 손효주 역, 『미학의 기본개념사』, 미진사, 1990.

서민우 외, 『21세기 새로운 뮤지엄 건축』, 기문당, 2014.

아르놀트 하우저, 한석종 역, 『예술과 사회』, 홍성사, 1981.

엘리자베스 클레망 외, 이정우 역, 『철학사전』, 동녘, 1996.

요이치 레스니코브스키, 박순관·이기민 공역, 『낭만주의와 합리주의 건축』, 도서출판공사, 1986.

이관석, 『빛을 따라 건축적 산책을 떠나다』, 시공문화사, 2004.

이성관, 「설계소묘」 『탄허대종사 유묵선』, 탄허기념박물관, 2010.

이숭녕 감수, 『새국어사전』, 한국도서출판중앙회, 1999.

찰스 젠크스, 송종석 감수, 『현대 포스트모던 건축의 언어』, 태림문화사, 1977.

케네스 프램턴, 정영철·윤재희 공역, 『현대건축사』, 세진사, 1980.

논문

김근식·이경회, 「현대 교회건축에 표현된 상징적 의미에 관한 연구」 『대한건축학회 논문집』 제19권 2호, 2003.

김대현, 「대학 정문의 기호와 상징에 관한 연구」 『대한건축학회 춘계학술발표대회 논문집』, 2003.

김은경, 「트렌드로 이해하는 현대 미술관 건축」 『국립현대미술관 연구논문 제1집』, 2009.

김희정, 「미술관 엔트런스 홀(Entrance Hall)의 배치유형과 공간표현에 관한 연구」, 홍익대학교 대학원 석사학위논문, 1994. 6.

박기범 외, 「현대건축에서 수공간의 상징성 표현을 위한 형태분석에 관한 연구」 『대한건축학회 추계학술발표대회 논문집』, 2000.

안홍범·이관석, 「노먼 포스터의 '까레 다르'에 관한 연구」 『대한건축학회 대전·충남지회 논문집』 제6권 1호, 1999.

이관석, 「'단위전시공간' 개념으로 고찰한 전시공간의 변천」 『대한건축학회 논문집』 제16권 3호, 2000.

_____, 「르 꼬르뷔지에의 무한성장박물관 연구」『대한건축학회 논문집』제23권 7호, 2007.

_____, 「리처드 마이어의 박물관에 나타나는 건축적 특성과 그 의미」, 『대한건축학회 논문집』제20권 제6호, 2004.

_____, 「미술관·박물관 건축과 건축가」『국립현대미술관 연구논문 제1집』, 2009.

_____, 「아를르 고고학박물관에 나타난 삼각형 형태의 의미와 그 전시공간의 구현에 관한 연구」『대한건축학회 논문집』제14권 5호, 1998.

_____, 「안도 다다오의 박물관에 나타나는 건축적 특성과 그 의미」『대한건축학회 논문집』제21권 11호, 2005.

_____, 「앙리 시리아니의 박물관 건축에 있어서 공간적 특성에 관한 연구」『대한건축학회 논문집』제12권 7호, 1996.

_____, 「제임스 스털링(James Stirling)의 초기 미술관 계획안에 나타나는 도시 맥락성」『대한건축학회 논문집』제17권 5호, 2001.

_____, 「프랭크 게리의 뮤지엄들이 현대 뮤지엄 건축에서 갖는 의미」『대한건축학회 논문집』제29권 11호, 2013.

_____, 「현대 박물관 건축에서 고전적 전시공간이 재현된 배경과 그 특성」『대한건축학회 논문집』제17권 11호, 2001.

_____, 「현대 박물관 전시공간에서 자연광 채광방식의 선택 범주」『대한건축학회 논문집』제18권 9호, 2002.

이관석·이용훈, 「현대 박물관 건축에 나타나는 상징성의 유추 근거와 구현 방식」『대한건축학회 논문집』제20권 4호, 2004.

채호병, 「현대 박물관 입구홀의 유형 및 공간적 특성」, 한남대학교 대학원 석사학위논문, 2002. 8.

해외 단행본 및 잡지

Achleitner, F., "des Viennois Positions," *Lotus*, no.29, Milano: Electa, 1981.

Anderson G. R. (ed.), *Reinventing the Museum, Historical Contemporary Perspectives on the Paradigm Shift*, New York: Altamira Press, 2004.

Arkio Tuula (ed.), "The open Nordic/Baltic Design Competition for the Museum of Contemporary Art," *The Finnish Architectural Review*, The Finnish Association of Architects, June 1993.

Alexander E. P. & Alexander M., *Museums in Motion, An Introduction to the History and Functions of Museums*, New York: Altamira Press, 2008.

Baker, G., "The Sainsbury Wing at the National Gallery by Venturi, Scott and Associations," *Architectural Design*, London: Academy Editions, 1991.

Barreneche, R. A., *New Museums*, London: Phaidon Press, 2005.

Benoist, L., *Musées et Muséologie*, Paris: P.U.F., 1971.

Botta, M., "Monument to Art," *Architectural Record*, New York: McGraw-Hill Construction Media, 1994. 11.

Burcaw, G. E., *Introduction to Museum Work*, Memphis: AASLH, 1983.

Champenois, M., "Entrerien avec I. M. Pei," *Architectures Capitales: Paris 1979-1989*, Paris: Electa Moniteur, 1989.

Ciriani, H., "Faire la lumière, une conversation avec l'architecte," *l'Architecture d'Aujourd'hui*, no.282, Paris: Groupe Expansion, Sep. 1992.

_____, "Tableau des clartés," *l'Architecture d'Aujourd'hui*, Paris: Groupe Expansion, 1991.

Cladders, J., *Galerie Ulysses Exposition Catalogue*, Wien: Galerie Ulysses, 1979.

Davis, D., *The Museum Transformed, Design and Culture in the Post-Pompidou Age*, New York: Abbeville Press, 1990.

Doshi, B., "Maître & Modèles," *CORBU VU PAR*, Liège: Pierre Mardaga éditeur, 1987.

Dumont, M.-J., "Le Ciriani sans peine, un vocabulaire illustré," *l'Architecture d'Aujourd'hui*, no.282, Paris: Groupe Expansion, Sep. 1992.

Florence, M., "Construire un musée," *Architecture Intérieure—CREE*, Paris: Société d'Edition et de Presse, Déc. 1991–Jan. 1992.

Foster, N., "Inaugural Academy Architecture Lecture," *Architectural Design*, London: Academy Editions, 1991.

Frampton, K., "Works in Transition," *Richard Meier, Architect, vol.2: 1985-1991*, New York: Rizzoli, 1991.

Gehry, F., *El Croquis no.117: Frank Gehry 1996-2003*, Madrid: El Croquis, 2003.

Gournay, I., "Musée de l'Holocauste à Washington," *l'Architecture d'Aujourd'hui*, no.289, Paris: Groupe Expansion, 1993.

Guasch, E. H. & Zilaika, J. (ed.), *Learning from the Bilbao Guggenheim*, Reno: Basque Studies Program, 2005.

Hautecoeur, L., *Architecture et aménagement des musées*, Paris: Textes RMN, 1934.

Holl, S., "Musée à Helsinki," *l'Architecture d'Aujourd'hui*, no.291, Paris: Groupe Expansion, fév. 1994.

Hollein, H., "Tradition and Context," *The Japan Architect*, vol.59, no.10, 東京: 株式會社新建築社, Oct. 1984.

Hozumi, N., "Kevin Roche," *A+U*, 東京: 株式會社エー.ラソド.コー, 1987.

Hubert, B. J., *Louis I. Kahn: Le Yale Center for British Art*, Marseille: Parenthèses, 1992.

Isozaki, A., "A Chain of Subtle Changes," *The Japan Architect*, vol.62, 東京: 株式會社新建築社, 1987.

_____, "Entretiens avec Geneviève," *Techniques & Architecture*, no.368, Paris: Éditions Regirex-France, 1986.

Jenkins, D., *Clore Gallery, Tate Gallery, Liverpool*, London: Phaidon Press, 1992.

Jodidio, P., "Architectes sur un volcan," *Connaissance des Arts*, Paris: Société Française de Promotion Artistique, 1994.

_____, "High Museum of Art," *Richard Meier*, Köln: Taschen, 1995.

Joffroy, P., "L'Historial de la Grande Guerre à Péronne," *le moniteur architecture AMC*, no.34, Paris:

Groupe Moniteur, 1992.

Klotz, H., *Moderne und Postmoderne*, Braunschweig: Viewegs, 1984.

Klotz, H. & Krase, W., *New Museums in the Federal Republic of Germany*, London: Academy Editions, 1986.

Koyama, H., "Louis I. Kahn and His Times," *A+U*, 東京: 株式會社エー・ラソド・コ一, Nov. 1983.

Laborde, J., *Le Patrimoine historique: charge ou atout?*, Semaine Provence, du 3 au 9 mars, 1995.

Levin, M. D., *The Modern Museum*, Jerusalem · Tel Aviv: Dvir Publishing House, 1983.

Loriers, M.-C., "La modestie à l'oeuvre," *Techniques & Architecture*, no.409, Paris: Éditions Regirex-France, sep. 1993.

Mack, G., *The Museum as Sculpture, Art Museums Into the 21st Century*, Basel · Berlin · Boston: Birkhäuser, 1999.

Meier, R., *Richard Meier Architect 1964-1984*, New York: Rizzoli, 1984.

Montaner, J. M., *Museums for the new century*, Barcelona: Gustave Gili, 1995.

_____, *Museums for the 21st Century*, Barcelona: Gustave Gili, 2003.

_____, *Nouveaux Musées*, Barcelona: Gustave Gili, 1990.

Montaner, J. M. & Oliveras, J., *The Museum of the Last Generation*, Barcelona: Gustavo Gili, 1986.

Newhouse, V., *Towards a New Museum*, New York: The Monacelli Press, 2006.

Pélissier, A., "James Stirling, sa conception du musée," *Techniques & Architecture*, no.368, Paris: Éditions Regirex-France, nov. 1986.

Pousse, J.-F., "Le Lien Minéral," *Techniques & Architecture*, no.408, Paris: Éditions Regirex-France, Juin-Juillet 1993.

Ragon, M., *Histoire de l'architecture et de l'urbanisme modernes tome 2*, Bruxelles: Casterman, 1986.

Rowe, C. (intro.), *James Stirling: Constructions & Projets*, Paris: Philippe Sers, 1984.

Schaer, R., *L'invention des musées*, Paris: Découvertes Gallimard/Réunion des Musées Nationaux Histoire, 1993.

Seling, Helmut, "The Genesis of Museum," *The Architectural Review*, no.840, London: The Architectural Review, Fev. 1967.

Speyer, A. J., *Mies van der Rohe*, Chicago: Art Institute of Chicago Museum, 1968.

Steele, J., *Museum Builders*, London: Academy Editions, 1994.

Stein, C., "Making Museums Function," *Architectural Forum*, vol.LVI, no.6, Boston: Rogers and Manson, June 1932.

Stephens, S., *Building the New Museum*, New York: Princeton Architectural Press, 1985.

Stirling, J., "Staatsgalerie Opening Speech," *AD Profile*, London: Academy Editions, 1982.

Sudjic, D., *The Times*, 19 avril 1983.

Summerson, J., *The Classical Language of Architecture*, London: Thames & Hudson, 1980.

Venturi, R., "Architecture as elemental shelter, the city as valid decon," *Architectural Design*, London: Academy Editions, 1991.

Vital-Durand, B., "A Giverny, la fortune de Terra n'est pas capitale," *Libération*, le 10 avril 1992.

Vitruvius, P., *Les dix livres de l'architecture*, Paris: Éditions Balland, 1979.

Von Moos, S., Venturi, Rauch & Scott Brown, *Buildings and Projects*, New York: Rizzoli, 1987.

Werner, F., "The New Acropole of Stuttgart," *Lotus*, no.43, Milano: Electa, 1984.

찾아보기

이관석(李官錫)은 1961년 출생으로, 한양대학교 건축학과를 졸업하고 삼성종합건설에
재직하면서 리비아와 사우디아라비아에서 건설현장을 경험했다. 이후 프랑스로 건너가
파리-벨빌건축대학(Ensa de Paris Belleville)에서 건축설계를, 파리1대학에서 근현대 건축사와
뮤지엄 건축을 공부했다. 프랑스 건축사·예술사학 박사로, 한남대학교를 거쳐 현재
경희대학교에서 후학들과 건축을 교감하고 있다. 저서로『빛을 따라 건축적 산책을
떠나다』(2004),『한국 현대건축편력』(2005),『르 코르뷔지에, 근대 건축의 거장』(2006),
『건축, 르 코르뷔지에의 정의』(2011),『빛과 공간의 건축가 르 코르뷔지에』(2014)가 있으며,
역서로『건축을 향하여』(2002),『프레시지옹』(2004),『오늘날의 장식예술』(2007),
『느림의 건축을 위하여』(2010),『작은 집』(2012) 등이 있다.

현대 뮤지엄 건축
여섯 가지 키워드로 읽기

이관석

초판1쇄 발행 2014년 12월 20일 **발행인** 李起雄 **발행처** 悅話堂
경기도 파주시 광인사길 25(문발동 520-10) 파주출판도시 전화 031-955-7000, 팩스 031-955-7010
www.youlhwadang.co.kr yhdp@youlhwadang.co.kr 등록번호 제10-74호 등록일자 1971년 7월 2일
편집 조윤형 박미 **디자인** 이수정 **인쇄 제책** (주)상지사피앤비

Contemporary Museum Architecture © 2014 by Lee Kwan Seok
Published by Youlhwadang Publishers. Printed in Korea.

값은 뒤표지에 있습니다. ISBN 978-89-301-0476-0

이 도서의 국립중앙도서관 출판시도서목록(CIP)은 e-CIP 홈페이지(http://www.nl.go.kr/ecip)에서
이용하실 수 있습니다. (CIP제어번호: CIP2014036227)

이 책은 한국출판문화산업진흥원의 2014년 '우수 출판콘텐츠 제작 지원' 사업 당선작입니다.